NCS 기반

항공 기내방송 업무

Preface

기내방송은 승객의 안전하고 쾌적한 여행을 위해 비행 중 제공되는 각종 서비스 내용과 항공여행에 필요한 정보를 전달해준다. 또한 유사시에는 승객의 안전을 위한 정보 전달 및 승객 통제 수단으로 활용된다. 이에 항공사에서는 객실승무원의 교육 훈련 시 기내방송 교육에 큰 비중을 두고 있으며, 기내방송 자격제도를 운영하여 보다 질 높은 기내방송 서비스를 제공하기 위해 지속적으로 노력하고 있다.

이에 본서는 항공사를 지원하려는 지원자들이 기내방송을 보다 쉽고 유용하게 준비할 수 있도록 다음과 같은 특징을 가지고 제작되었다.

첫째, NCS 항공객실서비스 직무의 NCS 능력단위를 기반으로 하여, 비행시점 별로 방송문을 구분하여 구성하였다.

둘째, 한국어 방송에 관한 부분에서는 표준발음법에 의거, 국어 발음법에 정확하고 구체적으로 접근하여 기술하였다. 따라서 한국어의 특징을 쉽게 이해하고, 올바른 표준어 방송을 구사하는데 도움이 될 수 있을 것이다.

셋째, 영어 발음법에 관한 전문적이고 이론적인 접근과 더불어 온라인 자가학습이 가능하도록 교수진이 직접 제작한 QR코드를 도입하였다. 또한 영어 방송문에 표준화된 억양 표시를 하여 비원어민으로서 영어다운 영어방송을 구사하는데 도움이 되도록 내용을 구성하였다.

넷째, 보다 쉽고 효과적인 기내방송 연습을 돕기 위해 모델보이스를 넣은 영상을 제작, 이를 QR코드로 만들어서 접근을 용이하게 하였다. 원어민뿐만 아니라 교수진이 직접 참여하여 언어별로 세 가지 버전의 모델보이스를 제공함으로써 다양한 분위기의 방송을 접해볼 수 있을 것이다.

다섯째, 나날이 증가하는 외국 항공사 지원자들을 위해 중국어 방송문을 도입, 기본적인 발음법에 대한 자세한 설명과 모델보이스를 통해 효과적인 자가학습이 가능하도록 하였다.

마지막으로 국내 대형 항공사 및 외국항공사에서 사무장과 강사로 근무했던 현장경험이 풍부한 항공서비스 계열 교수진이 집필 위원으로 참여하였다. 실무감각과 전문성을 함께 지닌 교수진들이 다년간의 교육 노하우와 경험을 토대로 학생들의 눈높이에 맞추어 알기 쉽게 집필하였다.

올바른 표준어 발음을 구사하여 정확하고 세련된 기내방송을 하는 것은 단기간에 이루어지기 힘들다. 모쪼록 이 책을 최대한 활용하여 꾸준히 학습함으로써 기내방송에 대한 이해를 넓히고 유의사항을 익혀서 세심함과 친절함이 더해진 세련된 기내방송을 할 수 있게 되기를 바란다.

끝으로 좋은 책이 될 수 있도록 도와주신 한올 출판사 관계자 여러분, 그리고 함께 생각을 나누고 집필에 도움을 주신 모든 분들께 깊은 감사를 드린다.

2025년 7월 저자 일동

Contents

Appendix 부 록 • 233

들어가며

1 국가직무능력표준이란?

국가직무능력표준(NCS, National Competency Standard)은 산업현장에서 직무를 수행하기 위해 요구되는 지식, 기술, 태도 등의 내용을 국가가 체계화한 것이다.

2 국가직무능력표준 개념도

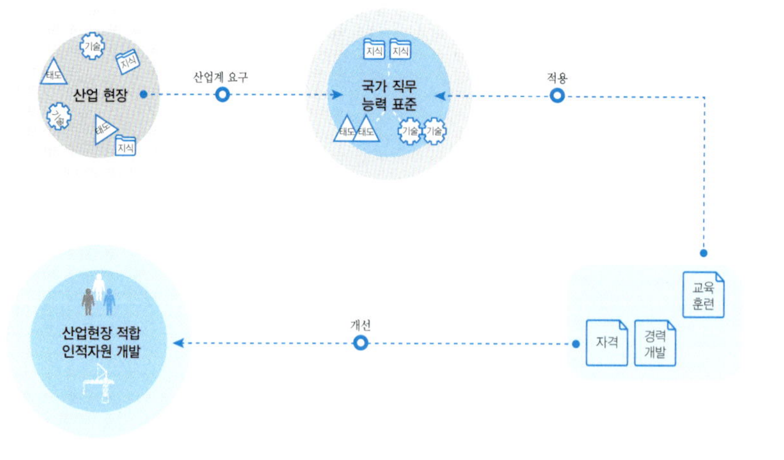

3 NCS 분류체계

대 분 류	중 분 류	소 분 류	세 분 류
12. 이용·숙박·여행·오락·스포츠	03. 관광·레저	01. 여행서비스	01. 여행상품개발
			02. 여행상품상담
			03. 국내여행안내
			04. 국외여행안내
			05. 항공객실서비스

4 항공객실서비스 직무 개요

(1) 직무 정의

항공객실서비스란 객실 안전관리, 승객 탑승 전 준비, 승객 탑승 서비스, 이륙 전 서비스, 비행 중 서비스, 착륙 전 서비스, 착륙 후 서비스, 승객 하기 후 관리, 응급환자 대처, 객실승무 관리를 하는 일이다.

(2) 능력단위

순 번	능력단위
1	기내 안전관리
2	승객 탑승 전 준비
3	승객 탑승 및 이륙 전 서비스
4	비행 중 서비스
5	착륙 전 서비스
6	착륙 후 서비스
7	승객 하기 후 관리
8	응급환자 대처
9	객실승무 관리

순 번	능력단위
10	기내음료 서비스
11	항공서비스 업무 기본
12	항공 기내방송 업무
13	고객만족 서비스
14	항공서비스 매너

(3) 능력단위별 능력단위요소

분류번호	능력단위	수 준	능력단위요소
1203010501_15v2	기내 안전관리	3	승객 탑승 전 안전·보안 점검하기
			항공기 이·착륙 전 안전·보안 관리하기
			비행 중 안전·보안 관리하기
			착륙 후 안전·보안 점검·관리
			비상사태 발생 시 대응하기
			상황별 안전안내 방송하기
1203010502_13v1	승객 탑승 전 준비	3	기내서비스용품 점검하기
			서비스 설비 및 기물 점검하기
			특별 서비스 요청사항 점검하기
1203010503_16v2	승객 탑승 및 이륙 전 서비스	3	탑승위치 대기하기
			탑승권 재확인하기
			좌석 안내하기
			수하물 정리 지원하기
			특수 고객 지원하기
1203010504_13v1	비행 중 서비스	3	기내음료 제공하기
			기내식 제공하기
			기내 오락물 제공하기
			면세품 판매하기
			객실 상태 점검하기

분류번호	능력단위	수 준	능력단위요소
1203010505_16v2	착륙 전 서비스	3	입국 서류 배포 및 작성 지원하기
			기내 용품 회수하기
			기내 서비스 용품 및 면세품 재고 확인하기
			승객 하기 지원하기
			특수 고객 지원하기
1203010507_13v1	승객 하기 후 관리	3	유실물 점검하기
			잔류 승객 점검하기
			기내 설비 점검하기
			기내 용품 인수·인계하기
1203010508_13v1	응급환자 대처	3	응급환자 발생상황 파악·보고하기
			응급환자 초기 대응하기
			응급환자 후속 관리하기
			환자 대처 상황 기록하기
1203010509_16v2	객실승무 관리	4	객실 승무원별 근무 배정하기
			운항·객실간 정보 공유하기
			불만 승객 관리하기
			출·도착 서류 작성·관리하기
			객실서비스 관리하기
1203010510_16v1	기내음료 서비스	2	기내음료 파악하기
			기내음료 제공하기
1203010511_16v1	항공서비스 업무 기본	2	항공서비스 관련 서류 확인하기
			항공여객정보 확인하기
1203010512_16v1	항공 기내방송 업무	3	항공기내 방송 준비하기
			정상적 상황 방송하기
			비정상 상황 방송하기
			비상 상황 방송하기
1203010513_16v1	고객만족 서비스	3	서비스 마인드 함양하기
			이미지 메이킹하기
			불만고객 대처하기
1203010514_16v1	항공서비스 매너	2	기본 매너 갖추기
			항공서비스 매너 관리하기

(4) 능력단위요소별 수행준거

분류번호 : 1203010512_16v1

능력단위 명칭 : 항공 기내방송 업무

능력단위 정의 : 항공 기내방송 업무란 이륙 전부터 다양한 정상적 상황(이륙 전, 이륙 후, 착륙 후), 비정상적 상황(Irregular), 비상 상황(Emergency)을 안내하는 방송능력이다.

능력단위요소	수행준거
1203010512_16v1.1 항공기내 방송 준비하기	1.1 운송 서비스 규정에 따라 방송에 필요한 국가별 항공기 코드를 파악할 수 있다. 1.2 운송 서비스 규정에 따라 방송에 필요한 국가별 도시와 공항 명을 파악할 수 있다. 1.3 그리니치 평균시(GMT)에 따라 도착지 시차를 계산할 수 있다. **지 식** • 운송 서비스 규정(안내) • 운송 서비스 규정(안내)의 정보 파악 **기 술** • 국가별 코드 파악을 위한 영어 능력 • 국가별 시차 계산 능력 **태 도** • 성실한 태도 • 정확성 유지
1203010512_16v1.2 정상 상황 방송하기	2.1 객실 서비스 규정에 따라 정상적인 상황 방송에 필요한 기본정보를 파악할 수 있다. 2.2 객실 서비스 규정에 따라 방송에 적합한 표준어와 언어를 구사할 수 있다. 2.3 객실 서비스 규정에 따라 탑승환영 안내 방송을 할 수 있다. 2.4 객실 서비스 규정에 따라 좌석벨트 상시착용 안내 및 목적지 접근안내 방송을 할 수 있다. 2.5 객실 서비스 규정에 따라 도착안내 방송을 할 수 있다. **지 식** • 객실 서비스 규정(안내) • 기내 방송 규정(안내) • 한국어, 영어 및 목적지 국가 언어(일본어, 중국어 등) 이해

능력단위요소	수행준거
1203010512_16v1.2 정상 상황 방송하기	**기 술** • 영어, 일어, 중국어 구사 능력 • 표준어 구사 기술 • 음성 표현 기술 • 기내 방송시스템 사용기술 및 안내방송 기술 **태 도** • 친절한 태도 • 정확성 유지 • 꼼꼼한 태도
1203010512_16v1.3 비정상 상황 방송하기	3.1 객실 서비스 규정에 따라 비정상적 상황 방송에 필요한 기본정보를 파악할 수 있다. 3.2 객실 서비스 규정에 따라 지연 및 대기 안내 방송을 할 수 있다. 3.3 객실 서비스 규정에 따라 변경 및 교체 , 고객 불편 안내 방송을 할 수 있다. 3.4 객실 서비스 규정에 따라 Turbulence 방송을 할 수 있다. **지 식** • 객실 서비스 규정(안내) • 기내 방송 규정(안내) • 한국어, 영어 및 목적지 국가 언어(일본어, 중국어 등) 이해 **기 술** • 영어, 일어, 중국어 구사 능력 • 표준어 구사 기술 • 음성 표현 기술 **태 도** • 친절한 태도 • 정확성 유지
1203010512_16v1.4 비상 상황 방송하기	4.1 객실 서비스 규정에 따라 비상 상황 방송에 필요한 정보를 파악할 수 있다. 4.2 객실 서비스 규정에 따라 기내난동 승객 발생 안내 방송을 할 수 있다. 4.3 객실 서비스 규정에 따라 상황별 비상사태 안내 방송을 할 수 있다. **지 식** • 객실 서비스 규정(안내) • 기내 방송 규정(안내) • 한국어, 영어 및 목적지 국가 언어(일본어, 중국어 등) 이해

능력단위요소	수행준거
1203010512_16v1.4 비상 상황 방송하기	**기술** • 영어, 일어, 중국어 구사 능력 • 표준어 구사 기술 • 음성 표현 기술 **태도** • 친절한 태도 • 정확성 유지

(5) 평가방법

평 가 방 법	평 가 유 형	
	과 정 평 가	결 과 평 가
A. 포트폴리오		
B. 문제해결 시나리오		
C. 서술형시험	V	V
D. 논술형시험		
E. 사례연구		
F. 평가자 질문	V	
G. 평가자 체크리스트	V	V
H. 피평가자 체크리스트		
I. 일지/저널		
J. 역할연기	V	V
K. 구두발표		
L. 작업장평가	V	
M. 기타		

(6) 자가진단

1203010512_16v1	항공 기내방송 업무

진단영역	진 단 문 항	매우 미흡	미흡	보통	우수	매우 우수
항공기내 방송 준비하기	1. 나는 운송 서비스 규정에 따라 방송에 필요한 국가별 항공기 코드를 파악할 수 있다.	①	②	③	④	⑤
	2. 나는 운송 서비스 규정에 따라 방송에 필요한 국가별 도시와 공항 명을 파악할 수 있다.	①	②	③	④	⑤
	3. 나는 그리니치 평균시(GMT)에 따라 도착지 시차를 계산할 수 있다.	①	②	③	④	⑤
정상적 상황 방송하기	1. 나는 객실 서비스 규정에 따라 정상적인 상황 방송에 필요한 기본정보를 파악할 수 있다.	①	②	③	④	⑤
	2. 나는 객실 서비스 규정에 따라 방송에 적합한 표준어와 언어를 구사할 수 있다.	①	②	③	④	⑤
	3. 나는 객실 서비스 규정에 따라 탑승환영 안내 방송을 할 수 있다.	①	②	③	④	⑤
	4. 나는 객실 서비스 규정에 따라 좌석벨트 상시착용 안내 및 목적지 접근안내 방송을 할 수 있다.	①	②	③	④	⑤
	5. 나는 객실 서비스 규정에 따라 도착안내 방송을 할 수 있다.	①	②	③	④	⑤
비정상 상황 방송하기	1. 나는 객실 서비스 규정에 따라 비정상적 상황 방송에 필요한 기본정보를 파악할 수 있다.	①	②	③	④	⑤
	2. 나는 객실 서비스 규정에 따라 지연 및 대기 안내 방송을 할 수 있다.	①	②	③	④	⑤
	3. 나는 객실 서비스 규정에 따라 변경 및 교체 , 고객 불편 안내 방송을 할 수 있다.	①	②	③	④	⑤
	4. 나는 객실 서비스 규정에 따라 Turbulence 방송을 할 수 있다.	①	②	③	④	⑤
비상 상황 방송하기	1. 나는 객실 서비스 규정에 따라 비상 상황 방송에 필요한 정보를 파악할 수 있다.	①	②	③	④	⑤
	2. 나는 객실 서비스 규정에 따라 기내난동 승객 발생 안내 방송을 할 수 있다.	①	②	③	④	⑤
	3. 나는 객실 서비스 규정에 따라 상황별 비상사태 안내 방송을 할 수 있다.	①	②	③	④	⑤

출처 : www.ncs.go.kr

시점별 기내방송 및 관련 NCS 능력단위요소

구 분	NCS 능력단위요소	기내방송	방송 시점	항공기 위치
승객탑승 및 이륙 전 방송	정상 상황 방송하기 [1203010512_16v1.2]	출발 준비 (Preparation for departure)	항공기 출발 5분 전	지상
		화재 예방 (In-flight fire prevention)	승객 탑승 완료 후 Door close 전	지상
		탑승 환영 (Welcome)	Safety Check 후 Welcome 인사 준비 완료 시	지상
		승객 안전 브리핑 (Safety Demonstration)	탑승 환영 방송 직후	지상
		이륙 (Take-off)	Take-off sign 직후	지상 → 상공으로 이륙
비행 중 방송	정상 상황 방송하기 [1203010512_16v1.2]	좌석벨트 상시 착용 (Seatbelt sign off)	이륙 후 Fasten Seatbelt sign off 직후	상공
		셀프-서비스 스낵 코너 (Self-service snack corner)	식사 서비스 후	상공
		기내 면세품 판매 (In-flight sales)	식사 후 기내판매 시작 전	상공
		기류 변화 (Turbulence)	비행 중 상시	상공
착륙 전 방송	정상 상황 방송하기 [1203010512_16v1.2]	도착지 방역 규정 (Station Regulations: Spraying Insecticide)	착륙 약 40분 전	상공
		공항 접근 (Approaching)	착륙 약 40분 전	상공
		착륙 (Landing)	Landing Signal 직후	10,000ft → 지상으로 하강

구 분	NCS 능력단위요소	기내방송	방송 시점	항공기 위치
착륙 후 방송	정상 상황 방송하기 [1203010512_16v1.2]	환송 (Farewell)	착륙 이후 게이트로 진입(Taxing) 중 (Engine Reverse 종료 시점)	지상
응급환자 대처 방송	비상 상황 방송하기 [1203010512_16v1.4]	의사 호출 (Doctor paging)	비행 중 상시 (필요시)	지상/상공
비정상 상황 방송	비정상 상황 방송하기 [1203010512_16v1.3]	항공기 지연 (Delay)	출발 지연 시	지상
		금연안내 (No smoking)	비행 중	상공
		기류변화(Turbulence)로 인한 식사서비스 중지 중 벨트 착용 안내	식사서비스 중 기류변화로 인한 서비스 중단 이후	상공
		회항 (Diversion)	비행 중 기장에 의한 회항 결정 이후	상공
		선회 (Circling)	비행 중 기장에 의한 선회 결정 이후	상공

AIR TICKET

Chapter 1

기내방송의 이해

Chapter 1

기내방송의 이해

1 객실승무원의 업무와 기내방송

1 객실승무원의 책임과 임무

기내방송은 승객에게 비행 중 여행에 필요한 정보전달과 같은 서비스로서의 기능을 제공하는 한편, 비행안전 사항에 대해서는 승객을 효율적으로 통제함으로써 승객의 안락하고 안전한 여행을 보장하기 위해 실시한다.

항공기 내에서 정확한 정보전달을 위한 방법으로는 크게 두 가지를 살펴볼 수 있는데, 첫째는 항공기가 정상적으로 운항할 경우 정보를 전달하는 일반적인 방법으로 기내방송이라는 수단을 사용한다. 항공사에서는 신입승무원과 경력승무원에게 교육 시 각 항공사의 방송문을 교육하며, 교육을 이수한 기내방송 담당승무원은 PA(Passenger Address)를 사용하여 시점에 알맞은 기내방송을 실시한다. 또는 각 항공사가 정한 시점 및 특별한 경우에는 Prerecorded Announcement, 즉 미리 녹음된 방송문을 승객에게 전달하여 정보를 전달한다. 둘째, 승무원의 육성을 이용한 정보전달 방법이 있다. 주로 비상상황이 발생했을 경우 승객을 비상 탈출 시키기 위한 안전에 관련된 지시로 나눌 수가 있다. 모든 항공사는 안전에 관련된 교육을 정기적으로 교육하고 있다.

따라서 객실승무원은 기내방송을 항공기 내에서 효과적인 정보전달 수단으로 활용하며, 상황과 여건에 따라 신속한 상황 판단 및 대처능력을 발휘하여 정확하고 적절한 방송을 실시함으로써, 승객의 불안감이나 항공기 비정상 상황에 대한 궁금증을 해소시키고, 승객의 알고자 하는 욕구를 충족시켜야 하는 책임과 의무를 가지고 있다.

2 객실승무원의 방송직급체계와 방송 Duty

기내방송은 항공사마다 기내방송자격과 기준을 정하여 기내방송 담당승무원에게 기내방송의 책임을 부여하고 있다. 기내방송 자격을 취득한 승무원 중 최상위자격자 또는 최상급자에게 해당 편 객실사무장은 기내방송의 책임을 부여하여 실시하게 한다.

일반적으로 기내방송과 관련한 책임은 1차적으로는 객실사무장에게 있으며, 방송 Duty를 지정 받은 객실승무원은 2차적인 책임이 있다. 객실사무장은 해당 편 여승무원 중 방송자격 보유 승무원에게 방송 Duty를 부여하여 Routine 방송을 전담하게 한다. 방송자격 승무원이 2인 이상일 경우에는 최상위 방송자격 보유자, 선임 승무원 순으로 담당하게 하는 등 항공사마다 정한 규정에 따른 방송의 직급체계가 있다.

객실사무장은 Demonstration, Irregular, 기타 비정상 상황 등의 방송을 담당하며, 비정상 상황 발생시 즉각적이고 적절한 방송을 실시하여 승객의 불안감과 궁금증 해소를 위해 최선의 노력을 하여야 하며, 기종 별 구성 목록 및 수록 방송문 내용을 사전에 숙지하여 적시에 적합한 방송을 실시해야 한다. 또한 방송 Duty 승무원은 해당 항공사의 제반 방송 원칙을 준수하여 방송을 실시해야 한다.

2 기내방송의 개요

1 기내방송의 목적

21세기 국제화가 진행되면서 관광산업의 발전과 함께 여행이 보편화되고, 점점 더 많은 사람들이 항공기를 이용하게 되면서 항공사들의 기내서비스의 품질은 질적으로 급격히 향상되고 있다. 항공객실서비스에 대한 고객들의 기대수준은 점점 더 높아지고 있으며, 기내방송은 항공기의 객실서비스 중의 중요한 일부분으로서 자리잡게 되었다. 또한, 항공교통이 대중화되고 해외여행이 보편화됨에 따라 기내 방송에 대한 승객의 관심도가 날로 증가하고 있음을 고려해 볼 때, 그 중요성은 아무리 강조해도 지나치지 않을 것이다.

기내방송을 실시하는 목적은 승객의 안락한 여행을 위한 길잡이로서 비행 중 제공되는 각종 서비스 내용과 항공 여행에 필요한 정보를 전달해 주며, 유사시에는 승객을 적절히 통제하여 효율적인 대처를 가능케 하는 중요한 기능을 지니고 있다. 기내방송은 승무원의 것이 아니라 승객의 것으로 평소에 철저한 연습을 하면서도, 방송 현장에서는 처음 보는 방송문을 대하듯 신중하고 성의 있게, 그리고 승객 한 사람 한 사람과 대화를 나누듯 부드럽고 친절하게 해야 할 수 있도록 부단한 훈련이 필요하다.

2 기내방송의 원칙

객실승무원은 방송 절차 및 방송 문안에 의거하여 방송을 실시해야 하며, 필요한 경우 방송 Manual에 수록된 방송 문안을 기본으로 활용, 적절한 방송을 실시해야 한다. 그러나 너무 장황한 느낌을 주거나 예의에 벗어난 어휘의 선택, 어색한 문구는 피하도록 해야 합니다. 비정상 상황의 발생으로 임의로 방송문을 작성, 실시했을 경우에는 비행 종료 후 소속팀에 보고해야 한다.

운항, 정비 관련 사항 및 주요 지역 통과 안내 방송은 기장이 실시함을 원칙으로 하며, 필요 시 기장 위임에 의해 객실사무장이 실시할 수 있다. 이 경우, 객실사무장은 기장으로부터 정확한 기술 용어를 전달 받아 방송을 실시해야 한다.

3 상황에 따른 기내방송의 규정

Go-Around(복행) 시의 방송 업무절차

객실사무장은 Go-Around 후, 승객의 큰 동요가 예상되나, 기장으로부터 별도의 안내방송이나 지침이 없는 경우, 객실상황을 판단하여 조종실에 연락을 시도한다.

- **기장으로부터 사유 전달과 함께 방송을 위임 받은 경우**

운항상의 이유로 즉각적인 기장 방송이 어려운 경우, 객실사무장은 정확한 상황 정보를 전달받아 방송을 실시해야 한다.

- **기장으로부터 응답을 받지 못했거나, 정확한 사유를 전달받지 못한 경우**

객실사무장은 방송을 위임 받은 것으로 보고 복행 관련 1차 방송을 실시한다. 이 경우, 복행 관련 2차 방송은 기장이 실시한다.

4 노선 별 기내방송의 실시 원칙

기내방송언어 실시 순서는 각 항공사에서 정한 규정에 따라 실시한다. 방송언어는 기본적으로 노선에 따라 2~3개 언어를 실시한다. 일반적으로 국내선에서는 '한국어-영어' 순으로 실시하며, 국제선에서는 '한국어-영어-현지어(또는 지정 외국어)'순으로 실시한다. 한일노선 및 한중노선에서는 승객 분포를 고려하여 한국어-영어-현지어(중국어 또는 일본어) 순으로 실시한다. 비정상 상황 발생으로 방송문을 임의로 작성하여 실시할 경우, 현지승무원 탑승 시에는 사전에 현지승무원에게 해당 내용을 알려주어 현지어 방송을 실시할 수 있도록 해야 한다.

노선 별 언어순서

노 선	기내방송 언어 순서
국내선	한국어-영어
한일노선	한국어-영어-일본어
한중노선	한국어-영어-중국어
미주노선, 동남아 노선 및 기타노선	한국어-영어-현지어

3 기내방송의 요령

1 기내방송 모니터링

PA를 통한 기내방송은 마이크의 종류와 특징, 기종, 사용법에 따라 많은 차이가 있기 때문에 방송담당 승무원은 본인의 음성의 PA를 통해 승객에게 친절하고 세련된 방송이 될 수 있도록 비행 시작 전과 비행 중에도 지속적인 모니터링을 실시하여 최상의 기내방송 서비스를 제공할 수 있도록 해야 한다.

항공기가 출발하기 전에 방송담당 승무원은 승객 탑승 전 PA Test 방송을 실시하여, 각 Zone별 시니어승무원으로부터 PA 상태와 방송 볼륨에 대한 모니터링 결과를 Feedback 받아 이상이 있는지 확인한다.

방송담당 승무원은 모니터링 결과에 따라 필요한 조치(마이크와의 거리 조정, 음량 조절, 파열음 발음 주의 등)를 취하고, 필요 할 경우 정비사에게 도움을 요청한다. 사무장은 운항승무원이 실시하는 PA Test 방송에 대해 방송 모니터링 담당자(각 Zone별 시니어 승무원)로부터 PA 상태와 방송 볼륨에 대한 모니터링 결과를 Feedback 받아 운항승무원에게 전달한다.

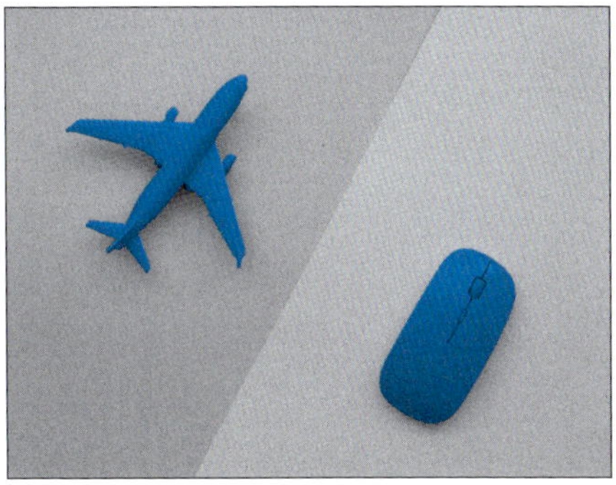

이륙 후에 방송담당 승무원은 근거리에 있는 최소 1명의 승무원을 지정하여 Aisle에서 방송 상태에 대한 모니터링을 실시토록 하여 방송의 상태를 항상 최상의 환경으로 유지하는 것이 필요하다. 또한 사무장은 운항승무원이 실시하는 방송에 대해 PA 상태와 방송 볼륨에 대한 모니터링 결과를 Feedback 받아, 상태가 나쁠 경우 운항승무원에게 전달하고 이상 유무를 체크해야 할 책임을 가지고 있다.

모니터링 기내 방송 예문

승무원 여러분,
기내방송 상태를 점검하기 위한 PA모니터링 방송입니다.
이 비행기는 ______까지 가는/ _______항공 ______편입니다
감사합니다.
모니터링 결과를 알려주시길 바랍니다.

Ladies and gentlemen,
Captain (Family name) and the entire crew,
The flight time / is / thirteen minutes / after take-off
our cabin crew will be happy to serve you in any way we can.

2 PA마이크 사용법

기내방송 담당승무원은 항공기에 탑승하기 전에 기종에 따른 PA사용법과 마이크의 종류와 특징, 그리고 사용방법에 대해 자세히 살펴본 후 비행근무에 임한다. PA는 육성과 매우 다르게 기내에서 전달될 수 있으며, 파열음이 나는 경우가 많아 정보를 전달하는 데 있어 방해가 되거나, 마이크가 제대로 작동되지 않는 경우가 생길 수 있으므로 주의해야 하며, PA와 입과의 거리는 약 3~4㎝를 유지하여 침이 튀거나 파열음이 발생하지 않도록 한다.

3 기내방송 발성 및 발음 연습

기내방송 담당승무원은 올바른 발성법으로 또박또박 정확하고 정성스럽게 정확한 발음으로 승객에게 정보를 잘 전달해야 한다. 한국어 기내방송을 정확하게 발음연습을 할 때 장음과 단음, 경음 및 이중모음 등의 발음에 주의하여 연습할 수 있도록 한다. 기내방송을 실시하기 전에 얼굴과 입 주위의 경직된 근육을 간단한 근육운동을 통해 풀어주어 크고 정확한 입 모양을 만들어 정확한 발음과 올바른 발성을 통해 고객이 듣기에 편안하고 자연스러운 기내방송이 될 수 있도록 부단한 노력이 필요한 부분이다. 또한 웃는 모습을 유지하여 방송하면 고객이 듣기에 친절하고 상냥한 느낌이 잘 전달될 수 있으며, 승객과 마주하며 기내방송을 실시하는 경우가 많으므로 미소를 지으며 방송할 수 있도록 훈련이 필요하다.

4 기내방송 시 주의사항

한국어 방송뿐만 아니라, 중국어나 일본어 그리고 현지어와 같은 외국어 기내방송 시에도 정확한 발음과 억양의 구사를 통해 정확하고 자연스럽게 정보를 전달하는 것이 필요하다. 또한 사투리와 어린아이와 같은 말투, 너무 강한 억양으로 인하여 승객이 듣기에 거북하거나 정보전달에 있어 방해가 되어서는 안 된다. 또한 성의 없는 방송을 하여 방송문을 읽는 느낌으로 전달하거나 감정이 없이 읽어버리는 방송을 실시한다면 대 고객 서비스의 하나인 기내방송의 역할을 제대로 하지 못하게 되는 것이다.

또한 방송문의 시점과 성격, 그리고 내용에 따라서 Demo방송 및 안전과 관련된 방송은 정확한 정보전달을 위해 음성의 분위기를 조절하며, 탑승환영 방송 등의 기내방송은 진심을 담아 전달될 수 있도록 기내방송의 분위기를 연출할 필요가 있다.

5 공항명칭, 편수, 시간 읽는 법

(1) 공항명칭 읽는 법

방송문 중 공항 명칭은 국제선, 국내선 Flight 공히 '도시명+공항 공식 명칭' 순으로 표현한다. 단, 지역 명이 중복되는 경우에는 공항명만 실시한다.

CODE	지 역 명	공항 공식 명칭
CJJ	청　　주	청주 국제공항
CJU	제　　주	제주 국제공항
GMP	서　　울	김포 국제공항
HIN	진주/사천	사천 공항
ICN	국제선 : 서울 국내선 : 인천	국제선 : 서울 인천 국제공항 국내선 : 인천 국제공항
KAG	강　　릉	강릉 공항
KPO	포　　항	포항 공항

CODE	지 역 명	공항 공식 명칭
KUV	군 산	군산 공항
KWJ	광 주	광주 국제공항
MPK	목 포	목포 공항
MWX	무 안	무안 국제공항
PUS	부 산	김해 국제공항
RSU	여수/순천	여수 공항
SHO	속 초	속초 공항
TAE	대 구	대구 국제공항
WJU	원 주	원주 공항
YEC	예천/안동	예천 공항
YNY	양 양	양양 국제공항

(2) 편수(Flight Number) 읽는 법

❶ 한국어

숫자를 한자리 단위로 끊어서 읽으며 '0' 은 '공'으로 읽는다.

예 123편 : 일이삼편 (○), 백이십삼편 (×)
704편 : 칠공사편 (○), 칠백사편 (×)
002편 : 공공이편 (○), 영영이편 (×)

❷ 영어

숫자를 한자리 단위로 끊어서 읽으며 '0' 은 'zero'로 읽는다. 단, 0이 중간에 있는 편수는 0을 'ou'로 읽어도 무방하다.

예 913편 : nine one three (○), nine hundred thirteen (×)

801편 : eight zero one (○), eight hundred one (×)
903편 : nine zero three (○), nine ou three (○), nine three (×)
002편 : zero zero two (○), ou ou two (×)

(3) 영어 : 시간 읽는 법

- 시간과 분단위로 구분하여 읽는다.
- 24시 단위가 아닌 12시 단위로 표현하되 오전/오후는 in the morning, in the afternoon(낮 12시~오후 6시), in the evening(오후 6시 이후)로 구분한다.
- 12시를 제외한 매시 정각은 o'clock을 삽입하여 읽는다.
- 1분부터 9분까지는 반드시 'O' 를 중간에 넣어 읽는다.
(이때, 'O'는 ZERO로 읽지 않고 ou로 읽는다.)
- 30분, 15분, 45분을 a half, a quarter past(to) 등으로 읽지 않는다.
(숫자 단위를 붙여 읽지 않는다.)

예 1. 밤 12 : 00 twelve midnight
밤 12 : 01 twelve ou one in the morning
낮 12 : 00 twelve noon
낮 12 : 05 twelve ou five in the afternoon

예 2. 오전 3 : 00 three o'clock in the morning
오후 5 : 00 five o'clock in the afternoon
오전 4 : 07 four ou seven in the morning
오후 11 : 43 eleven forty-three in the evening
오전 10 : 15 ten fifteen in the morning
오후 7 : 45 seven forty-five in the evening
16 : 45 four forty-five in the afternoon
19 : 30 seven thirty in the evening

AIR TICKET

Chapter 2

기내방송 기본 연습

Chapter 2

기내방송 기본 연습

1 말의 요소

기내방송은 승무원이 승객에게 전달하고자 하는 바를 말하는 것이다. 비행기 안이라는 상황적 요소와 다수에게 전달하기 위해 사용하는 도구에 의한 방법적 요소만 제외한다면 내가 하고자 하는 말을 상대방에게 전달한다는 것의 의미는 변하지 않는 것이라 할 수 있기에 말이 어떻게 만들어지는지에 대해 먼저 살펴볼 필요가 있을 것이다. 말이 만들어지는 단계는 호흡, 발성, 공명, 발음으로 구분할 수 있으며 그 과정을 살펴보면 다음과 같다.

1 호 흡

호흡을 하는 기관인 폐는 소리를 만들어 내는데 아주 중요한 역할을 한다. 숨을 들이쉬면 공기가 폐까지 들어가서 폐가 팽창하게 된다. 소리는 폐에서 내뿜는 숨결을 타고 나오며, 호흡이 헛되게 빠져나가지 않도록 할 때 완전한 목소리가 될 수 있도록 하기 때문에 발성에 아주 중요한 영향을 미친다고 할 수 있다.

2 발 성

발성기관은 목소리를 만드는데 쓰이는 신체의 기관이다. 폐에서 나오는 소리는 후두, 즉 숨구멍에 있는 성대 기관을 지나고, 성대를 지나가면서 진동을 통해 소리가 만들어진다. 성대는 울대뼈라고도 부르는 것으로 목 앞부분의 볼록 나온 후두 연골 속에 있으며 얇고 예민한 근육으로 폐에서 나온 숨을 조절하여 목소리의 높낮이를 조절한다. 성대는 높은 소리일 때는 좁아지고, 낮은 소리일 때는 넓어지며 성대가 강화되면 오랜 시간 말을 해도 쉽게 목이 쉬거나 목소리가 변하지 않게 된다.

3 공 명

성대를 통해 나오는 소리는 입 밖으로 나오기 전 성대 위의 공간을 거치면서 변형되고 증폭되며 목소리의 울림이 만들어 진다. 여기서 성대 위의 공간은 인두, 구강, 비강을 말하는 것으로 이를 공명 기관이라고 하며 편안하고 듣기 좋은 목소리의 기본이 되는 것이라 할 수 있다.

인두는 성대의 바로 위에서 시작하여 구강(입안)과 비강(코안)으로 연결되는 파이프 모양의 공명강으로, 목소리가 반드시 통과해야 하는 통로이며, 구강은 입안의 빈 곳을 말하는 것으로 입에서 인두(목구멍)에 이르는 곳을 말한다. 비강은 코안을 말하며 입천장 위로 뻗친 텅 빈 공간이다.

4 발 음

발음은 우리말이나 영어, 일본어 등과 같이 언어를 표현하는 것을 말하며 이는 조음 기관의 작용으로 말로 표현이 되는 것이다. 조음기관은 혀, 입술, 치아, 턱으로 구성되어 있으며 모든 조직이 일괄적으로 정확하게 움직여야 발음이 정확하게 나올 수 있다. 입술을 정확하기 벌리지 않으면 닫힌 느낌의 소리가 나고, 반대로 입을 크게 벌리며 말을 하면 명확한 소리가 난다.

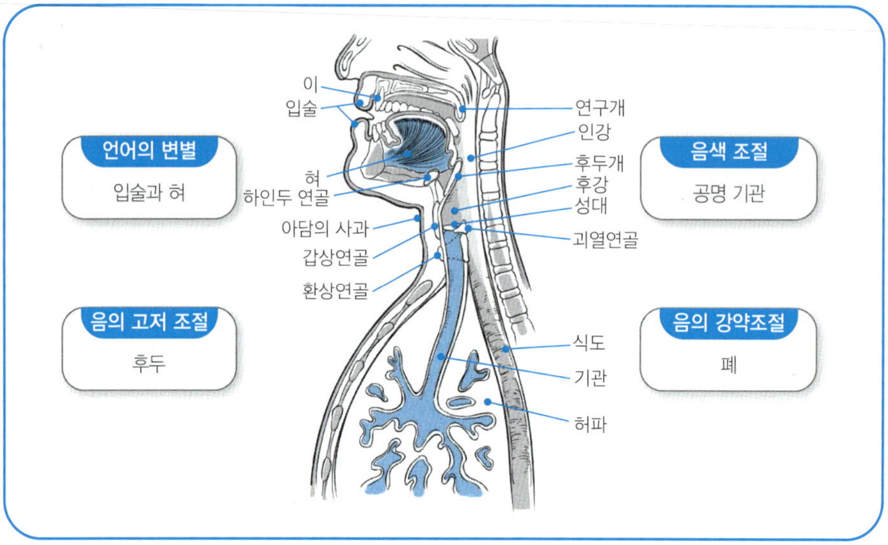

2 음성 관리

상대방과 의사소통을 하기 위해서 우리는 말을 하게 되는데 이때 목소리는 사람마다 각각 선천적으로 타고난 특징을 드러내는 것뿐만 아니라 감정도 표현하기 때문에 듣는 사람은 그 목소리를 듣고 언어적인 내용을 전달받게 되며 비언어적인 표현으로 감정도 전달받게 된다. 같은 말이라도 어투나 어감 등과 같은 미묘한 차이에 따라 달리 이해되고 받아들여 지는 것이 바로 이 때문이다. 미국의 사회심리학자인 엘버트 메러비언에 따르면 커뮤니케이션에서 목소리가 차지하는 비중이 38%에 달한다고 말한다. 따라서 말의 내용만큼이나 중요한 것이 바로 목소리라고 할 수 있을 것이다. 특히 기내방송은 시각적 이미지 없이 목소리와 말의 내용만으로 전달하고자 하는 바를 친절하고 알아듣기 쉽게, 그리고 신뢰감이 느껴지도록 승객에게 전달해야 하기 때문에 그에 맞는 음성관리가 매우 중요하다.

1 친절함과 친근감이 느껴지는 목소리

부드럽고 편안한 목소리로 하는 말은 참 듣기 좋다. 좋은 목소리의 내레이션을 들으며 마음이 차분해지고 기분까지 좋아지는 경험은 누구나 가지고 있을 것이다. 좋은 목소리는 순수한 목소리와 공명이 합쳐져 있어 개개인이 가지고 있는 목소리의 특성과 편안함을 담고 있어 친절함과 친근감이 느껴지는 목소리라고 할 수 있다. 공명 즉 울림을 가지고 있는 목소리에서는 긍정적인 에너지가 느껴진다. 목소리가 뚜렷이 잘 들리기도 하고 나아가 상대방의 마음에까지 울림을 전달할 수 있기 때문이다. 좋은 목소리의 울림을 갖기 위해서는 평소에 복식호흡을 하며 발성연습을 하는 것이 중요하며 이는 전달력 있고 호소력 있는 목소리를 가지기 위해 필수적인 부분이다.

2 신뢰감이 느껴지는 목소리

전달하고자 하는 내용을 명확하게 표현하여 듣는 이로 하여금 신뢰감이 느껴지는 목소리가 좋은 목소리이다. 전달하고자 하는 내용을 명확하게 표현하기 위해서는 정확한 발음으로 말을 해야 할 것이다. 어떤 목적을 가지고 이야기를 하던지 정확한 발음으로 하지 않는다면 상대방은 그 말을 이해하기 어려울 것이다. 특히 기내방송은 승객에게 도착지, 편수, 비행시간 등 승객에게 반드시 필요한 정보를 전달하는 것으로 정확한 안내가 무엇보다 중요하다. 정확한 발음을 하기 위해서는 조음 기관 중 혀와 아래턱의 움직임이 부드러워야 하는데 이는 꾸준한 발음 훈련을 통해서 개선할 수 있다.

3 표현이 자연스러운 목소리

음율의 변화와 강약의 표현이 자연스러워야 좋은 목소리이다. 어조가 단조로우면 듣는 사람이 지루하고 어떤 내용을 전달하고자 하는지 귀담아 듣지 않게 된다. 음율에 변화를 주고 강약의 표현을 자연스럽게 하면 말에 생명력을 불어넣어 하고자 하는 말을 더욱 효과적으로 전달할 수 있다. 이는 평소 책을 소리 내어 읽는 연습을 통해 자신의 목소리를 확인하고 빠르고 느림의 속도조절이 잘 조화된 언어표현을 익히는 것으로 개선할 수 있다.

선천적으로 좋은 목소리를 타고난 사람도 있으나 이보다는 연습과 같은 후천적인 노력을 통해 자신이 가지고 있는 목소리의 단점은 보완하고 장점은 부각시켜 더 좋은 목소리를 가질 수 있을 것이다. 음성 관리에 있어 기본이 되는 복식호흡과 발음훈련에 대해 알아보도록 하자.

3 복식호흡과 발음훈련

1 복식호흡

호흡조절을 통해 몸의 힘을 빼고 편안한 상태에서 말하는 연습의 기본은 복식호흡에서 시작된다. 대부분의 사람들이 평소에 하는 호흡은 흉식호흡으로 횡격막 위 갈비뼈에 붙은 근육을 주로 이용하는 흉식호흡이다. 따라서 몸이 긴장할수록 숨이 얕아지고 빨라져 편안한 목소리가 아닌 힘이 없고 소리가 작으며 건조한 느낌을 목소리가 나오게 된다.

이에 비해 복식호흡은 숨을 쉴 때 가슴과 어깨에 힘을 빼고 배를 내밀며 호흡을 하는 것이다. 즉, 흉식호흡처럼 폐로 숨을 쉬면서 숨을 들이마실 때 횡격

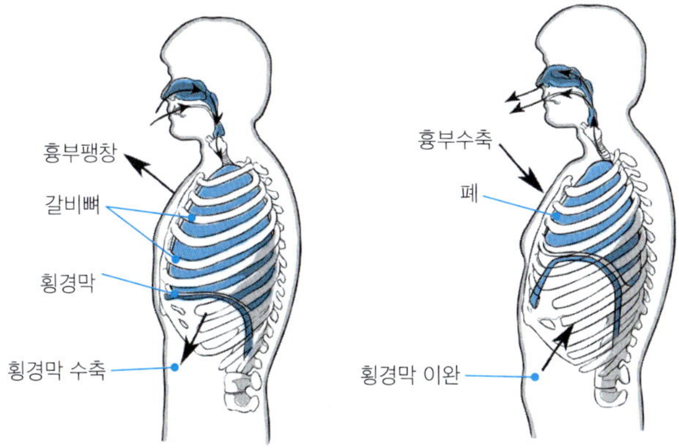

복식호흡의 들이마시기와 내쉬기

막과 폐 아랫부분을 아래로 내리듯이 호흡하는 것이다. 이때 횡격막이 아래로 내려가면서 장기가 눌려 배가 나오는 것이 들숨이다. 그래서 복식호흡은 횡격막 호흡이라고도 불린다.

이러한 복식호흡은 발성에 많은 영향을 미치는데 복식호흡을 이용한 발성은 목소리에 힘이 있고 높은 음을 내도 거칠어지지 않아 듣기 좋은 목소리를 만들 수 있다. 또한 말의 속도를 조절할 수 있으며 긴 시간 말을 해도 힘들이 들지 않고 큰소리로 오래 말을 해도 목이 쉬지 않는다.

2 복식호흡방법

❶ 기본자세

- 몸의 힘을 빼고 어깨와 목의 긴장을 푼다.
- 턱을 아래로 내리고 아랫배에 힘을 준다
- 어깨 너비로 다리를 벌리고 허리를 펴고 꼿꼿이 선다.

❷ 복식호흡법

- 들숨 : 숨을 천천히 2~3초 정도 코로 길게 들이마신다. 이때 어깨와 가슴이 움직이지 않도록 주의하며 배가 부풀어 오르는 지 확인할 수 있다.
- 참는 숨 : 숨을 1초 정도 잠시 멈춘다.
- 날숨 : 내쉴 때는 아주 천천히 '후~'하며 공기를 뱉어낸다. 최대한 길게 내뱉는다는 생각으로 호흡한다.
- 두 번째에는 빨리 들이마시고 빨리 내쉰다.
- 같은 속도로 서서히 들이마시고 같은 속도로 서서히 내쉰다.
- 빠르게, 느리게 혹은 들숨은 빠르게 날숨은 느리게 등 여러 가지 방법을 활용하여 연습을 반복한다.

복식호흡의 올바른 자세는 들숨과 날숨을 쉴 때 어깨가 고정되고 배만 움직여야 한다. 들숨 시 어깨가 올라가고 날숨 시 어깨가 내려가는 것은 잘못된 자세이다. 자신의 어깨와 가슴이 호흡을 할 때 움직이지 않도록 거울을 보고 연습을 하면 효과적이다. 거울에 비치는 모습을 보며 어깨와 가슴이 올라가지 않도록 주의하고 숨을 쉴 때 배가 나오고 들어가는지 확인할 수 있어야 한다.

3 발음훈련

명확한 발음은 올바른 내용 전달에 매우 중요한 요소이다. 명확한 발음을 하기 위해서는 먼저 조음기관 중에서 혀와 아래턱의 움직임이 부드러워야 한다. 보통 좋은 발음을 하기 위해서 입을 크게 벌리고 말을 하는 것이 효과적이라고 하는데 이것은 아래턱을 아래로 많이 내리라는 말과 같다고 할 수 있다. 따라서 혀와 턱, 입술 운동을 통해 입에서 인후까지의 발성 및 발음에 적절한 근육운동을 통해 기내방송을 위한 명확한 발음연습을 할 수 있을 것이다.

4 발음훈련방법

❶ 혀 운동

- 혀를 입 밖으로 길게 뺐다가 집어넣는 운동을 거듭하여 혀의 활동성과 부드러움을 유지한다.
- 혀를 10초 이상 쭉 내민다.
- 혀로 입안 구석구석을 훑어준다.
- '아라라라라' 발음과 '오로로로로' 발음을 번갈아 하며 혀를 굴린다.
- '똑딱똑딱' 발음을 하며 혀를 풀어준다.

❷ 턱 운동

- 아래턱을 상하 좌우로 움직인다.
- 하품을 하듯 입을 크게 벌리면서 턱의 활동성과 부드러움을 유지한다.
- 10초 정도 입을 벌리고 유지한다.

❸ 입술 운동

- 입술을 앞으로 내밀었다가 옆으로 잡아당긴다.
- 입술을 앞으로 내밀어 '삐뽀삐뽀' 발음을 빠르게 반복하며 입술 근육을 풀어준다.

5 발음훈련실습

한국어는 모음 21개와 자음 19개 총 40개의 음으로 구성되어 있다. 모음을 정확히 발음하기 위해서는 입 모양이 중요하며, 자음은 혀의 움직임이 중요하다. 입을 크게 벌리고 복식호흡을 활용하여 배에서 나오는 소리로 모음을 하나씩 소리 내어 읽으며 연습한다. 자음에 모음을 붙여(가, 갸, 거, 겨) 하나씩 소리 내어 읽어보고 받침을 다양하게 넣어(갈, 걀, 걸, 결) 연습해본다.

모음 / 자음	ㅏ	ㅑ	ㅓ	ㅕ	ㅗ	ㅛ	ㅜ	ㅠ	ㅡ	ㅣ
ㄱ	가	갸	거	겨	고	교	구	규	그	기
ㄴ	나	냐	너	녀	노	뇨	누	뉴	느	니
ㄷ	다	댜	더	뎌	도	됴	두	듀	드	디
ㄹ	라	랴	러	려	로	료	루	류	르	리
ㅁ	마	먀	머	며	모	묘	무	뮤	므	미
ㅂ	바	뱌	버	벼	보	뵤	부	뷰	브	비
ㅅ	사	샤	서	셔	소	쇼	수	슈	스	시
ㅇ	아	야	어	여	오	요	우	유	으	이
ㅈ	자	쟈	저	져	조	죠	주	쥬	즈	지
ㅊ	차	챠	쳐	처	초	쵸	추	츄	츠	치
ㅋ	카	캬	켜	커	코	쿄	쿠	큐	크	키
ㅌ	타	탸	터	텨	토	툐	투	튜	트	티
ㅍ	파	퍄	퍼	펴	포	표	푸	퓨	프	피
ㅎ	하	하	허	혀	호	효	후	휴	흐	히

기본 발음연습을 할 때에는 고개를 끄덕이지 말고 아래턱만을 내려 움직이며 입 모양은 최대한 크게 벌려서 소리는 내는 것이 좋다. 기본 발음연습이 끝나면 짧은 문장을 가지고 연습해보자. 큰소리로 읽으며 한 대목씩 읽지 말고 한번에 끝까지 읽어야 한다.

읽어보아요

★ 저 골목을 지나가는 상장수가 새 상장수냐, 헌 상장수냐?

★ 눈: 오는 날 눈에 눈:이 들어가니 이것만 눈:물인지 눈물인지 몰라.

★ 말 탄 사람이 말을 보고 말:을 하니 말:을 모르는 말이 말:없이 있더라.

★ 경찰청 창살은 쌍창살이고 시청 창살은 안쌍창살이다.

★ 대한관광, 대한관광공사, 대한관광공사 공무원

★ 콩깍지, 깐 콩깍지, 깍지인가, 안 깐 콩깍지인가

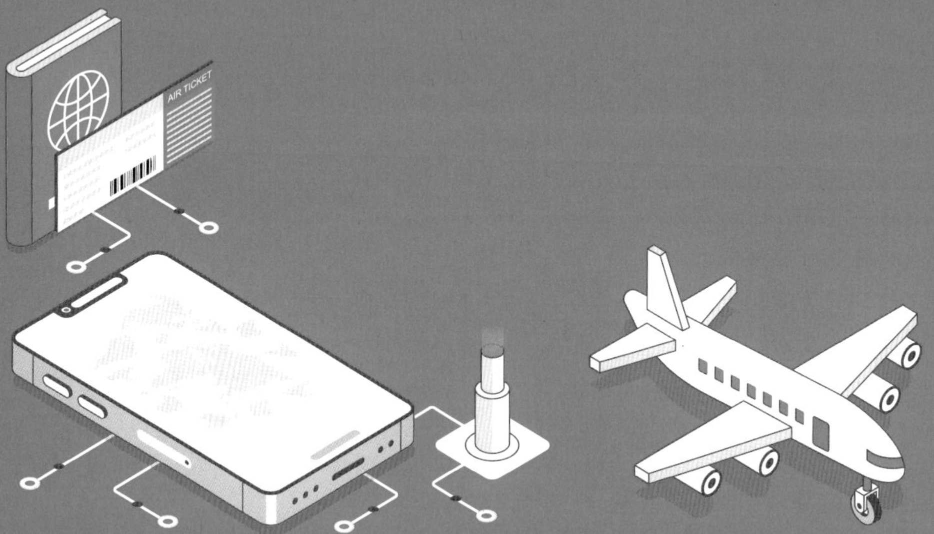
AIR TICKET

Chapter 3

한국어 방송의 기법

Chapter 3

한국어 방송의 기법

제 2장 기내방송의 기초연습의 3. 복식호흡과 발음 훈련을 통해 한국어 발음에 대한 훈련을 실행했을 것이다. 이번 장에서는 제 2장에 이어 한국어 방송 전 반드시 습득해야 할 기본 사항에 대해 다루었다. 기내방송은 정보전달을 최우선으로 하고 있어 정확한 발음, 자연스러운 억양, 듣기 편안한 음성, 알맞은 톤 등 여러 요소들이 한데 어울어져 조화로울 때 보다 정확한 정보전달이 가능해진다. 정확한 한국어 발음 구사를 위해 다음과 같은 내용에 유의하여 연습해 보자.

1 자음 발음법

1 자음의 분류

우리말 자음을 분류해 보면 다음의 3가지로 나눌 수 있다.

- 된소리 : ㄲ, ㄸ, ㅃ, ㅆ, ㅉ
- 거센소리 : ㅋ, ㅌ, ㅍ, ㅊ
- 예사소리 : ㄱ, ㄴ, ㄷ, ㄹ, ㅁ, ㅂ, ㅅ, ㅇ, ㅈ, ㅎ (된소리나 거센소리를 제외한 자음을 의미)

2 'ㅎ'발음

한국어 발음에서 자음 'ㅎ' 발음 시 'ㅎ' 이 명확하게 잘 들릴 수 있도록 음가를 살려서 읽는다. 'ㅎ' 발음이 명확하게 들리지 않을 경우 단어의 뜻이 정확하게 전달이 되지 않을 수 있으므로 발음 연습 시 'ㅎ' 발음에 신경 써 음가를 살려서 읽도록 한다. 특히 단어의 중간이나 끝에 'ㅎ'가 놓일 때 'ㅎ' 발음이 정확히 구사되지 않는 경우가 많으므로 이에 유의하여 또박또박 천천히 발음한다.

단 어	잘못된 발음
대한항공	[대아난공] (×)
비행기	[비앵기] (×)
안녕하십니까	[안녀아십니까] (×)
휴대전화	[휴대저놔] (×)
사용하실 수 있으며	[사용아실 수 이쓰며] (×)
보관해 (주시기)	[보간애 (주시기)] (×)
안내해 (드리겠습니다.)	[안내애 (드리게씀니다)] (×)
은행	[으냉] (×)
저희	[저이] (×)
여행을 위해	[여앵을 위애] (×)
정확한	[정와칸] (×)
감사합니다	[감사압니다] (×)

3 받침 'ㅎ'발음

'ㅎ' 혹은 'ㄶ', 'ㅀ' 뒤에 'ㄱ, ㄷ, ㅈ'가 오는 경우, 뒤에 오는 음절의 첫번째 소리가 'ㄱ' → 'ㅋ', 'ㄷ' → 'ㅌ', 'ㅈ' → 'ㅊ'로 발음된다(표준 발음법 제12항).

단 어	발 음
쌓고	[싸코]
놓지	[노치]
않다	[안타]
닳지	[달치]
많지	[만치]
많고	[만코]

4 받침 뒤에 오는 'ㅎ'

받침 이후에 오는 뒤 음절의 첫소리가 'ㅎ'인 경우 'ㅋ', 'ㅌ', 'ㅍ', 'ㅊ'로 발음되며, 다음의 경우 해당된다(표준 발음법 제12항).

- 받침 'ㄱ', 'ㄺ' + 뒤 음절 첫 소리 'ㅎ'가 오는 경우
- 받침 'ㄷ', 'ㅂ', 'ㄼ' + 뒤 음절 첫 소리 'ㅎ'가 오는 경우
- 받침 'ㅈ', 'ㄵ' + 뒤 음절 첫 소리 'ㅎ'가 오는 경우

단 어	발 음
읽히다	[일키다]
이륙 후	[이류 쿠]
밟히고	[발피고]
기상악화	[기상아콰]
꽂히다	[꼬치다]
앉히다	[안치다]

5 받침 소리

우리말에서 자음으로 구성된 받침 소리는 'ㄱ', 'ㄴ', 'ㄷ', 'ㄹ', 'ㅁ', 'ㅂ', 'ㅇ'의 7개의 자음 소리로 발음된다(표준 발음법 제8항).

단 어	발 음
했다	[핻따]
있다	[읻따]
밝다	[박따]
맑다	[막따]
않다	[안타]
빗다	[빋따]

6 된소리 현상

유성음 다음에 오는 무성음이 유성음으로 되지 않고 된소리로 나거나, 폐색음(파열음이 파열되지 않은 상태) 다음에 오는 평음(예사 소리)이 된소리로 나는 현상을 말한다. 받침 'ㄱ'이나 'ㄲ, ㅋ, ㄳ, ㄺ', 'ㄷ'이나 'ㅅ, ㅆ, ㅈ, ㅊ, ㅌ', 'ㅂ'이나 'ㅍ, ㄼ, ㄿ, ㅄ' 뒤에 오는 'ㄱ, ㄷ, ㅂ, ㅅ, ㅈ'는 된소리로 발음한다(표준 발음법 제23항).

단 어	발 음
탈출 직전	[탈출 직쩐]
탑재	[탑째]
옷장	[옫짱]
꽃밭	[꼳빧]
봄바람	[봄빠람]
평가	[평까]

단 어	발 음
삯돈	[삭똔]
말소리	[말쏘리]
앞산	[압싼]
창문 덮개	[창문 덥깨]
먹고	[먹꼬]
닫고	[닫꼬]
탑승구	[탑씅구]

7 음의 동화

- 받침 'ㅁ, ㅇ' 뒤에 연결되는 'ㄹ'은 [ㄴ]으로 발음한다.
- 받침 'ㄱ, ㅂ' 뒤에 연결되는 'ㄹ'도 [ㄴ]으로 발음한다.

(표준 발음법 제19항)

- 'ㄴ'은 'ㄹ'의 앞이나 뒤에서 [ㄹ]로 발음한다.
- 첫소리 'ㄴ'이 'ㅀ', 'ㄾ' 뒤에 연결되는 경우에도 [ㄹ]로 발음한다.

(표준 발음법 제20항)

단 어	발 음
항로	[항노]
대통령	[대통녕]
담력	[담녁]
협력	[혐녁]
백리	[뱅니]
난로	[날로]
천리	[철리]
뚫는	[뚤른]

2 모음 발음법

1 이중모음

'ㅑ, ㅒ, ㅕ, ㅖ, ㅘ, ㅙ, ㅛ, ㅝ, ㅞ, ㅠ, ㅢ'는 이중모음으로 발음한다(표준 발음법 제5항).

이중모음은 모음이 결합되어 있는 형태로, 편의상 한 음절 속의 모음의 연속, 또는 모음과 반모음의 결합으로 해석된다.

이중모음은 발음에 유의하여 발음해야 단어의 뜻을 정확히 전달할 수 있어 충분한 발음연습이 필요하다. 특히, 기내방송문에는 이중모음이 많으므로 이에 유의하여 고객에게 정확한 정보를 전달할 수 있도록 해야 한다.

단 어	잘못된 발음
좌석	[자석] (×)
승무원	[승무언] (×)
휴대전화	[휴대저나] (×)
지정된	[지정댄] (×)
외화	[외하] (×)
보관	[보간] (×)
확인	[하긴] (×)
부과되어	[부가데어] (×)
귀국편	[기국편] (×)
세관신고서	[세간신고서] (×)
귀중품	[기중품] (×)
고무관	[고무간] (×)

단 어	잘못된 발음
기류변화	[기류벼나] (×)
화장실	[하장실] (×)
검역기관	[거먹기간] (×)
환자	[한자] (×)
관제탑	[간제탑] (×)

단, 아래의 경우는 예외로 한다.

- '져, 쪄, 쳐'는 [저, 쩌, 처]로 발음 : 가져[가저], 쪄[쩌], 다쳐[다처]
- '예, 례' 이외의 'ㅖ'는 [ㅔ]로 발음 : 혜택[헤택], 시계[시게]
- 자음을 첫소리로 가지고 있는 음절의 'ㅢ'는 [ㅣ]로 발음 : 희망[히망], 띄어쓰기[띠어쓰기], 저희[저히]

읽어보아요

★ 1. 공룡 멸종설 → [공뇽 멸쫑설]
★ 2. 안양 양장점 → [아냥 양장점]
★ 3. 서구식 식습관 → [서구식 식씁꽌]
★ 4. 관심강좌 → [관심강좌]
★ 5. 경품 당첨자 → [경품 당첨자]
★ 6. 상담 선생님 → [상담 선생님]

2 이중모음 '의' 발음

단어의 첫 음절 이외의 '의'는 [ㅣ]로 발음되며, 조사 '의'는 [ㅔ]로 발음함을 허용한다(표준발음법 제 5항).

'의'는 위치에 따라 달리 발음된다. 첫음절에 오는 '의'는 [의]로 발음되며, 첫음절 이외의 '의'는 [이], 그리고 조사로 쓰이는 '의'는 [에]로 발음된다.

❶ 첫음절에 오는 '의'는 [의]로 발음

의문, 의리, 의논, 의사, 의자, 의심, 의의

❷ 첫음절 이외의 '의'는 [이]로 발음

단 어	발 음
수의사	[수이사]
유의하시기	[유이하시기]
주의사항	[주이사항]
문의사항	[무니사항]
회의	[회이]
창의	[창이]
강의	[강이]
주의	[주이]

❸ '의'가 조사로 쓰이는 경우는 [에]로 발음

단 어	발 음
승무원의	[승무원에]
손님 여러분의	[손님 여러분에]
세관의	[세관에]
휴대전화의	[휴대전화에]
비행기의	[비행기에]
전염병의	[저념병에]
한국으로의	[한국으로에]
검역기관의	[거멱기관에]

읽어보아요

★ 1. 민주주의의 의의

▶ [민주주이에 의이]

★ 2. 그 의사는 여의도에서 의회 민주주의의 책과 허준의 동의보감을 주의깊게 읽었다.

▶ [그 의사는 여이도에서 의회 민주주이에 책과 허주네 동이보가믈 주이깁께 일걷따]

3 모음축약

모음으로 끝난 어간에 '-아, -어, -았, -었' 등이 올 경우 축약할 수 있으며 아래의 경우 모음이 축약되어 줄어든 대로 적고 읽을 수 있다.

❶ '하여'가 한 음절로 줄어서 '해'가 될 때에는 준대로 적는다(한글맞춤법 중 관련조항 제34항).

- 하였다 → 했다 / 더하였다 → 더했다 / 흔하였다 → 흔했다

❷ 'ㅚ' 뒤에 '-어, -었-'이 어울려 'ㅙ, ㅙㅆ'으로 될 적에도 준대로 적는다(한글맞춤법 중 관련조항 제35항).

- 되었다 → 됐다 / 뵈었다 → 뵀다 / 쐬었다 → 쐤다

❸ 'ㅣ' 뒤에 '-어'가 와서 'ㅕ'로 줄 적에는 준대로 적는다(한글맞춤법 중 관련조항 제36항).

- 가지었다 → 가졌다 / 다니었다 → 다녔다 / 막히었다 → 막혔다

이를 토대로 기내방송문에서 축약이 가능한 것을 살펴보면 아래와 같다. 그러나 일반 방송국의 아나운서와 같이 문어체의 문장을 축약하여 구어체로 말해야 하는 것과는 다르게 기내방송은 일반적인 상황에서는 기본적으로 기내방송 문안의 변형없이 정확히 또박또박 읽어 전달해야 하는 의무가 있기 때문에 축약에 대해서는 개인의 판단으로 결정하기 보다 항공사의 지침을 따르는 것을 권한다.

기내방송을 축약할 경우 방송문에 따라 자연스러울 수도 있으나 그렇지 못한 경우도 있을 수 있으므로, 전반적인 방송문과의 조화를 이루는지, 해당 방송문에서 자연스럽고 구어체의 어감을 좀 더 살릴 수 있는지의 여부를 살펴볼 필요가 있다.

축약 전	축약 후
(사용이) 금지되어	(사용이) [금지돼]
(기내체조 비디오가) 준비되어	(기내체조 비디오가) [준비돼]
(안전을) 위하여	(안전을) [위해]
도착하였습니다	[도착했습니다]

4 음의 동화

받침 ‘ㄷ, ㅌ(ㄾ)’이 조사나 접미사의 모음 ‘ㅣ’와 결합되는 경우에는 [ㅈ, ㅊ]으로바꾸어서 뒤 음절 첫소리로 옮겨 발음한다.

‘ㄷ’ 뒤에 접미사 ‘히’가 결합되어 ‘티’를 이루는 것은 [치]로 발음한다(표준 발음법 제17항).

단 어	발 음
굳이	[구지]
미닫이	[미다지]
밭이	[바치]
좌석 밑이나	[좌석 미치나]
닫히다	[다치다]
묻히다	[무치다]

3 기타 발음법

1 장·단음

모음의 장단을 구별해서 발음하되, 단어의 첫 음절에서만 긴소리가 나타나는 것을 원칙으로 한다. 다만, 합성어(*)의 경우에는 둘째 음절 이하에서도 분명한 긴 소리를 인정한다(표준 발음법 제6항).

장음을 지켜서 발음하게 되면 듣는 이로 하여금 훨씬 자연스럽고 여유있어 보이며, 단어나 문장의 전달력을 높일 수 있다. 품격있는 기내방송을 위해 평소 에도 장음을 의식하며 읽는 연습을 한다면, 고객들에게 정확하면서도 듣기 좋은 기내방송을 들려줄 수 있을 것이다.

단 어	
안 : 내	고:맙습니다
면 : 세품	검 : 역신고서
항 : 공	최 : 선

단 어	
보 : 관	이 : 룩하겠습니다
좌 : 석	세 : 관
잠 : 시 후	여 : 실 때는
전 : 원	매 : 주십시오
가 : 산세	오 : 전, 오 : 후
탑 : 승편 : 명(*)	비 : 상탈 : 출(*)
대 : 한항 : 공(*)	전 : 자제 : 품(*)
응 : 급환 : 자(*)	세 : 관신 : 고(*)

아래는 장단음에 따라 뜻이 달라지는 경우를 든 예시이다. 우리말은 같은 글자임에도 장단음에 따라 다른 뜻이 되는 경우가 있으므로 이에 유의하여 발음한다.

단 어(장음)	단 어(단음)
눈 : / 눈 : 보라 (雪)	눈(目)
말 : / 말 : 씨 (言)	말(馬)
밤 : / 밤 : 나무 (栗)	밤(夜)

2 연 음

앞 음절의 끝자음이 모음으로 시작되는 뒤 음절의 초성으로 이어져 소리나는 것을 의미한다.

- 홑받침이나 쌍받침이 모음으로 시작된 조사나 어미, 접미사와 결합되는 경우에는 제 음가대로 뒤 음절 첫소리로 옮겨 발음한다(표준 발음법 제13항).
- 겹받침이 모음으로 시작된 조사나 어미, 접미사와 결합되는 경우에는 뒤의 것만을 뒤 음절 첫소리로 옮겨 발음한다(표준 발음법 제 14항).

단 어	발 음
밭에	[바테]
삼발이	[삼바리]
착용해 주시고	[차공해 주시고]
문의	[무니]
반입	[바닙]
부득이	[부드기]
검역	[거멱]
열어 두시기	[여러 두시기]
넋이	[넉씨]
앉아	[안자]
닭을	[달글]
값을	[갑쓸]
없어	[업써]

읽어보아요

★ 1. 좌석 밑에 → [좌석 미테]

▸ '밑에'는 [미테]로 발음되어 끝자음이 모음으로 이어져 소리나는 경우임. (표준 발음법 제13항 참고)

★ 2. 좌석 밑이나 → [좌석 미치나]

▸ '밑이나'는 [미치나]로 발음되어 받침 'ㄷ, ㅌ'이 조사나 접미사의 모음 'ㅣ'와 결합되는 경우에는 [ㅈ, ㅊ]으로 바꾸어서 뒤 음절 첫소리로 옮겨 발음됨.(표준 발음법 제17항 참고)

3 표준어 발음

기내방송은 표준어 사용을 기본으로 하고 있기 때문에 사투리 발음의 사용을 지양하고, 표준어 낭독 연습을 통해 또박또박 천천히 말하는 습관을 들이도록 한다. 사투리는 단시간에 고치기 어렵기 때문에 평소 일상생활에서도 사투리 사용을 지양하고 아나운서들의 발음을 따라하는 등의 표준어 발음의 연습이 필요하다. 특히 사투리는 발음뿐 아니라 억양에 있어서도 지역만의 특징을 가지고 있기에 자신도 모르는 사이에 기내방송 시 섞여 나오는 경우가 있다.

기내는 항공기 소음 등 기내방송의 전달을 방해하는 요인들이 있으므로 사투리를 사용하게 될 경우 전달력을 더욱 떨어뜨릴 수 있다. 고객에게 정확한 정보를 전달할 수 있도록 표준어 발음 연습을 습관화 하도록 하자.

단 어	잘못된 발음
승무원	[성무언] (×)
의사 선생님	[으사 슨생님] (×)
쾌적한	[쾌즈칸] (×)
언제든지	[은제든지] (×)
쇼핑하시기	[쑈핑하시기] (×)
그리고	[그리구] (×)
간단한	[간따난] (×)
경제	[겡제] (×)

4 억양 및 강세

상기 내용에서는 자음과 모음을 중심으로 정확한 발음을 구사하기 위해 반드시 익혀두어야 할 내용들에 대해 다루어 보았다.

이번 내용은 보다 듣기 편안하고 조화로운 기내방송이 되도록 자연스러운 억양, 알맞은 속도와 띄어 읽기, 편안한 음성과 알맞은 톤 등 기내방송을 구사함에 있어서 발음 이외에 익혀야 할 주요 요소들에 대해 다루었다.

기내방송을 정확하면서도 듣는 이로 하여금 부담가지 않으며 편안하게 느끼도록 하기 위해서는 위에 언급한 여러 요소들이 톱니바퀴처럼 한데 어울어져야 보다 조화로운 기내방송이 될 수 있을 것이다.

어떠한 억양이 듣기 좋은가?

기내방송을 교육하다 보면, 한국어 억양은 어디서 내리며 올려야 하는지, 조사는 어떠한 억양으로 읽어야 하는지 등 억양에 대해 고민하는 모습들을 엿볼 수 있다.

올바른 억양에 대해 다루기 전에, 듣기 불편한 억양들에 대해 먼저 살펴보자.

1 듣기 불편한 억양

❶ 조사나 어미에 강하게 힘을 주어 억양을 반복적으로 올려 읽는 경우

- 우리 비행기는↗ 잠시 후↗ 인천국제공항에↗ 도착하겠습니다.↗ (×)

❷ 습관적으로 조사나 어미를 끄는 경우

- 우리 비행기는~~ 잠시 후~~ 인천국제공항에~~ 도착하겠습니다~~. (×)

❸ 반복적으로 억양을 내리는 경우

- 우리 비행기는↘ 잠시 후↘ 인천국제공항에↘ 도착하겠습니다.↘ (×)

억양은 리드미컬한 리듬을 타면서 듣는 이로 하여금 말하는 듯한 자연스러움을 느낄 수 있어야 한다. 기내방송은 방송국의 뉴스와는 달리, 항공사 관련 정보를 제공하는 안내 서비스의 하나로 좀 더 부드럽고 친절한 느낌이 가미되어야 한다. 아래의 내용을 참고하여 연습해 보자.

2 듣기 편안한 억양

우리 비행기는→ 잠시 후↗ 인천국제공항에→ 도착하겠습니다.↘

❶ 단조로운 억양은 지루함과 딱딱한 느낌을 줄 수 있으므로 위의 억양과 같이 말하듯이 자연스러운 억양으로 편안함과 친절한 느낌을 줄 수 있도록 한다.

❷ '인천국제공항' 등의 공항명 및 지명, 편명, 기장 및 사무장의 이름, 시간 및 날짜 등 정보를 전달해야 하는 부분은 좀 더 강세를 두어 또박또박 천천히 읽어 전달력을 높이도록 한다.

❸ 특히 틀리기 쉽거나 발음하기 어려운 단어의 경우에도 천천히 읽으면서 강세를 주어 읽게 되면 정보전달력을 높일 수 있다.

❹ 끝의 '~다'로 끝나는 종결어미는 유성음으로 내면서 힘을 가하지 않고 부드럽게 마무리하여 자연스러운 하강 억양이 되도록 하는 것이 안정감 있다. 힘을 가하여 부자연스러운 억양이 되거나, 둔탁한 무성음이 나지 않도록 유의한다.

5 속도 및 띄어 읽기(Pause)

1 속도가 빠른 경우

대화 중 상대방이 말을 지나치게 빨리 하게 될 경우 내용을 이해하기 어려웠던 경험이 한번쯤은 있을 것이다. 정보전달을 최우선으로 하는 기내방송도 마찬가지이다. 지나치게 빠른 속도로 방송할 경우 알아듣기 어려울뿐더러 승객의 입장에서도 정신없고 어수선한 방송이 될 것이다.

특히 긴장을 하거나, 마음이 급한 경우, 혹은 기내방송에 대한 지나친 자신감이나 노련함으로 인해 성의가 부족해지는 경우에도 자신도 모르게 기내방송의 속도가 빨라지는 경우를 볼 수 있는데, 기내방송 담당 승무원으로서의 사명감을 가지고 천천히 또박또박 Pause를 두고 읽어 정확한 정보를 전달할 수 있도록 해야 한다.

2 속도가 느린 경우

반대로 지나치게 느린 속도로 방송한다면 지루해지고 집중을 방해하게 되며, 다소 답답한 기내방송이 될 수 있다. Pause나 마침표에서 필요 이상으로 긴 시간을 두어 쉬지 않도록 하고 밝은 느낌으로 적절한 속도를 유지하며 읽는다면 훨씬 듣기 좋은 방송이 될 것이다.

3 적절한 속도와 Pause를 두어 읽기

지금 이곳은∨ 6월 20일 목요일 오전 9시 30분이며,/ 기온은 섭씨 __도 입니다./
여러분의 안전을 위해,∨ 비행기가 완전히 멈춘 후
좌석벨트 표시등이 꺼질 때까지∨ 자리에서 기다려 주십시오.//

❶ 적절한 호흡

방송 전 충분히 호흡을 가다듬고 여유있는 마음가짐으로 천천히 또박또박 방송을 하여 전달력을 높일 수 있도록 한다.

❷ Pause(띄어 읽기)

- 방송문에 ∨ 표시나, Slash (/) 표시를 해 두면 의미를 구분하고 또박또박 천천히 읽는데 도움이 된다.
- 쉼표(,)가 있는 경우는 가볍게 Pause를 두고, Slash (/)에서는 약 1초 정도, 이중 Slash(//)는 약 2초 정도 Pause 둔다는 느낌으로 구분하여 읽으면 전달력을 높이는데 도움을 줄 수 있다.
- 명사와 명사가 결합이 되어 있는 단어(항공보안, 세관신고, 전자기기 등)의 경우 명사를 의미 단위로 구분하여(항공/보안, 세관/신고, 전자/기기 등) 이해하고 읽으면 잘못 읽는 것을 줄일 수 있다.
  - ▸ 그러나 자연스러운 흐름과 리듬을 유지해야 듣기 편안한 방송이 될 수 있으므로 지나치게 Pause에 긴 시간을 두어 문장이 끊어지는 느낌을 주지 않도록 유의한다.

❸ 지명, 시간, 날짜, 사람 이름, 공항명 등 천천히 또박또박

시간, 날짜, 편명, 지명, 공항명, 사람 이름 등은 적절한 강세와 Pause를 두어 의미 전달력을 높이도록 한다.

❹ 방송 전 예독

기내방송 전 미리 읽어보는 '예독'을 통해 실제 방송에서 실수하지 않도록 차분하게 준비하는 습관을 들인다.
특히 방송별로 스테이션마다 바뀌는 지명이나 시간, 사람 이름 등은 상이하므로 사전에 내용을 정확히 파악하여 실제 방송에서 혼동하는 일이 없도록 유의한다.

읽어보아요

[뉴스 낭독연습 1]

★ 국제 유가 급락에 따라∨
[국쩨] [유까] [금낙]

★ 항공기 국제선 유류 할증료가↗ 다음 달부터 크게 내립니다./
[항:공기] [국쩨선] [할쯩뇨]

★ 대한항공과 아시아나항공의 미주 노선∨
[대:한항:공] [항:공] [노:선]

★ 2월 국제선 유류할증료는/
[이:월][국쩨선] [할쯩뇨]

★ 58달러에서 15달러로↘ 43달러 내리며/
[오:십팔] [사:십삼]

★ 유럽 아프리카 노선은∨ 56달러에서 15달러로↘
[오:심뉵]

★ 41달러 싸집니다./
[사:시빌]

★ 중동·대양주 노선은∨ 48달러에서 14달러로,↘
[사:십팔]

★ 서남아시아·중앙아시아 노선도∨ 26달러에서↗ 7달러로 인하됩니다.
[이:심뉵]

MBC, 2015.01.16 정재윤 기자
(출처 : 강지연, '안녕하십니까, 저는 방송인입니다', 시대에듀, 2015)

읽어보아요

[뉴스 낭독연습 2]

★ 조류인플루엔자↗, AI의 재확산을 막기 위해/
[확싼] [막끼]

★ 오늘 오전 6시부터∨ 내일 오후 6시까지∨ 36시간 동안
[오:전] [오:후] [서른여섣]

★ 전국의 닭과 오리 등∨ 가금류에 대해/
[전구게][닥꽈]

★ 일시∨ 이동중지 명령이 내려졌습니다./
[일씨] [명:녕]

★ 농림축산식품부는/
[농님]

★ 이동중지대상은∨ 가금류 관련 종사자 10만 6천여 명과/
[대:상] [괄련]

★ 사육 농장 등 시설 3만 1천여 곳이며↘
[사육] [시:설] [천]

★ 전국의 시설과 차량에 대한∨ 일제 소독도↗
[전구게] [시:설] [일쩨]

★ 실시한다고 밝혔습니다./
[실씨]

★ 농식품부는 이와 함께/

★ 돼지 구제역 확산을 막기 위해∨ 관련 차량도↗
[돼:지][구:제역][확싼] [괄련]

★ 일시∨ 이동제한 조치를 하고∨ 일제 소독을 실시하고 있습니다./
[일씨] [일쩨] [실씨]

★ 일시∨ 이동중지 명령을 위반하면↗
[명:녕]

★ 1년 이하의 징역이나∨ 1천만원 이하의 벌금에 처해집니다./
[이:하] [천] [이:하]

MBC, 2015.01.17 정준희 기자

(출처 : 강지연, '안녕하십니까, 저는 방송인입니다', 시대에듀, 2015)

읽어보아요

[기상뉴스 낭독연습]

★ 요즘∨ 아침에는 쌀쌀하지만↗ 한낮엔 20도 안팎까지 올라∨
[한나젠] [이:십] [안팍]

★ 가을을 만끽하기 좋은 날씨입니다.
[만끼카기] [조:은]

★ 11월 첫날인 내일은∨ 가끔 구름 많겠고↘
[천날] [만:케꼬]

★ 일교차가 15도 안팎까지∨ 크게 벌어질 것으로 보입니다./
[안팍]

★ 오늘 한낮엔∨ 미세먼지 농도가 평소의 3~4배 정도 높았는데요.
[한나젠] [세네배]

★ 내일도↗ 안개와 먼지가 뒤섞이면서/
[안:개]

★ 시야가 부옇고↘ 미세먼지 농도도∨ 높을 것으로 보입니다.
[시:야] [부:여코] [노플]

★ 특히 경기 북부 지역은 천식-폐 질환 지수가∨
[트키] [북뿌] [천:식][페:]

★ 매우 높음 단계까지 오르겠고/
[단게]

★ 대부분 지방에서↗ 높을 것으로 보여∨ 외출하실 때 신경 쓰셔야겠습니다.
[대:부분] [노플]

★ 토요일과 일요일엔∨ 중부지방에 비가 내리겠지만/
[이료이렌]

★ 양은 많지 않을 것으로 예상됩니다.
[만:치]

★ 내일∨ 서울 경기와 충청 지역/ 오후에 구름 많아지겠고/
[오:후]

★ 아침엔∨ 안개 끼는 곳이 있겠습니다.
[안:개]

★ 강원 동해안은∨ 새벽부터↗ 빗방울 떨어지는 곳이 있겠습니다.
[비빵울]

★ 내일 영남 해안에도↗ 빗방울 살짝 떨어지는 곳이 있겠고,/
[비빵울]

★ 한낮엔∨ 대구 21도로∨ 오늘과 비슷하겠습니다./
[한나젠] [이:시빌또] [비스타]

★ 호남 지역은∨ 낮 기온 20도를 웃돌아/
[낟] [이:십] [욷또라]

★ 오늘과 비슷하겠습니다./
[비스타]

★ 바다의 물결은∨ 모든 해상에서∨ 1~2 미터로↘
[물껼] [모:든][해:상] [이레서이:]

★ 비교적 낮게 일겠습니다./
[비:교적][낟께]

★ 기상정보였습니다./

KBS, 2013.10.31 김혜선 캐스터
(출처 : 강지연, '안녕하십니까, 저는 방송인입니다', 시대에듀, 2015)

AIR TICKET

Chapter 4

영어 방송의 기법

Chapter 4

영어 방송의 기법

언어음을 생성하는 데는 특정한 조음기관들이 작용을 한다. 아래 그림은 발음법을 익히기 전 알아두어야 할 조음기관 명칭들이다.

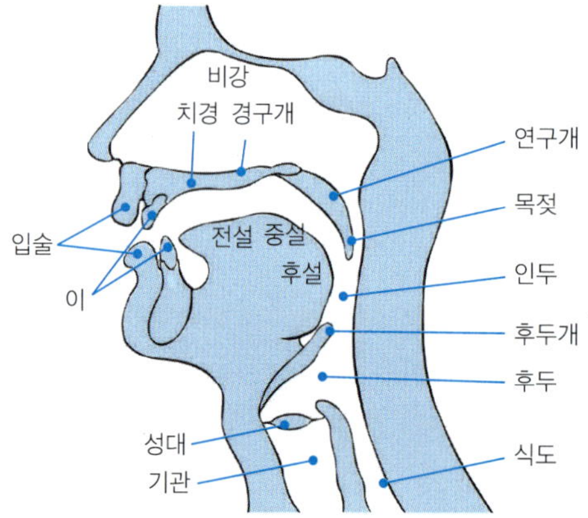

조음기관 단면도

1 자음 발음법

자음은 허파에서 올라온 공기가 구강 내의 어디에선가 방해를 받으며 조음되는 소리들을 말한다. 자음 발음이 명확해야 영어 방송문의 정보 전달이 잘 이루어질 수 있다. 특히 영어의 자음을 한국어의 자음 발음으로 대체하여 발음하지 않도록 유의해야 한다. 자음 발음은 조음방법(manner of articulation)과 조음장소(place of articulation), 성대의 진동유무(voiced or voiceless)에 따라 구별되며, 다음에 소개하는 자음 발음들은 조음방법이 비슷한 발음들을 묶어 설명하였다.

1 양순파열음(Bilabial Stop) - [p]와 [b]

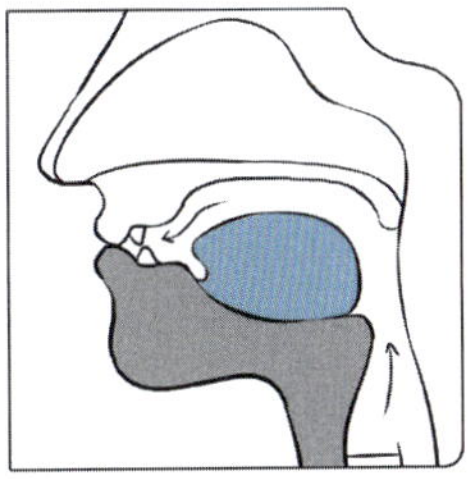

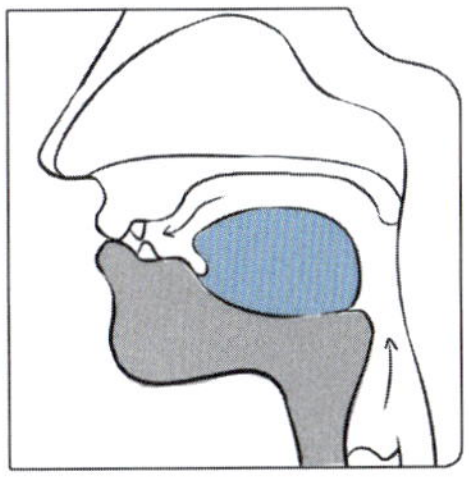

[p]의 조음　　[b]의 조음

❶ [p] 발음

위 아래 두 입술을 꼭 붙여 입안의 공기를 막았다가 갑자기 터뜨리면서 발음하는 파열음이다. 또한 입술의 긴장도나 구강 안의 압력, 그리고 파열의 정도가 강한 경음(fortis)이며, 성대의 진동이 없는 무성음(voiceless)이다.

❷ [b] 발음

위 아래 두 입술을 꼭 붙여 입안의 공기를 막았다가 갑자기 터뜨리면서 발음하는 파열음이다. 또한 입술의 긴장도나 구강 안의 압력, 그리고 파열의 정도가 약한 연음(lenis)이며, 성대가 진동하는 유성음(voiced)이다.

[p]		[b]	
please	제발	board	탑승하다
passenger	승객	bound	~로 가는(~행의)
preparation	준비	before	~하기 전에
purchase	구매하다	bottle	병
product	생산물	baggage	짐, 수하물
portion	구간	bin	(뚜껑이 달린)통
permitted	허락된	based	기반을 둔
provide	제공하다	belt	벨트
portable	휴대용의	between	사이에
special	특별한	benefit	혜택, 이득
experience	경험하다	belonging	소지품
open	열다	bring	가져오다, 데려오다
cooperate	협력하다	bus	버스

발음 시 유의사항

- [s]다음에 [p]발음이 올 경우, 경음화 되어 우리말의 [ㅃ]처럼 발음한다.
  예 s**p**ecial, ex**p**erience, s**p**read
- 단어 내에서 2개의 모음(반모음 포함) 사이에 있으며 [p]발음을 포함하는 음절의 모음에 강세가 없는 경우, 우리말의 [ㅃ]처럼 발음한다.
  예 coo**p**erate, o**p**en, sho**pp**ing, ha**pp**y, pre**p**aration

2 치경파열음(Alveolar Plosive) - [t]와 [d]

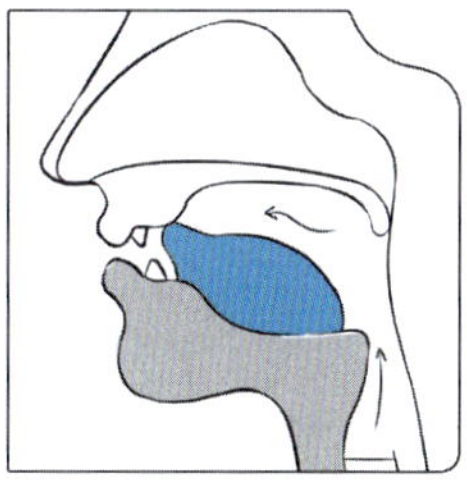

[t]의 조음

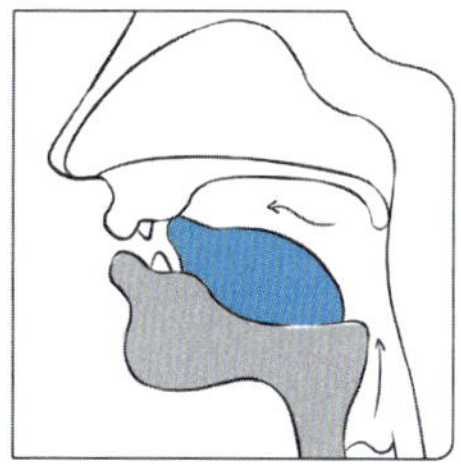

[d]의 조음

❶ [t] 발음

혀끝을 치경에 대고, 혀의 좌우를 윗니 안쪽에 댐으로써 입안의 공기를 차단시켰다가 혀끝을 떼면서 내는 파열음이다. 또한 입술의 긴장도나 구강 안의 압력, 그리고 파열의 정도가 강한 경음이며, 성대의 진동이 없는 무성음이다.

❷ [d] 발음

혀끝을 치경에 대고, 혀의 좌우를 윗니 안쪽에 댐으로써 입안의 공기를 차단시켰다가 혀끝을 떼면서 내는 파열음이다. 또한 입술의 긴장도나 구강 안의 압력, 그리고 파열의 정도가 약한 연음이며, 성대가 진동하는 유성음이다.

[t]		[d]	
turbulence	난기류	depart	출발하다
time	시간	duty	세금
today	오늘	device	장치 기구
to	~으로	during	~하는 동안

[t]		[d]	
turn	돌다, 돌리다	dollar	달러
transit	통과, 환승	declare	신고하다
travel	여행하다	document	서류
transfer	[trænsfə́:r] v.환승하다 [trǽnsfər] n.환승,이동	disease	병
strictly	엄격하게	disinfection	소독, 살균
stow	집어넣다	departure	출발
customs	세관	delay	지연
item	물건, 항목	order	주문하다
located	위치한	according	~에 따라
short	짧은	fastened	매다(fasten의 과거/과거분사형)
direct	~로 향하다, 지시하다	stowed	집어넣다(stow의 과거/과거분사형)

발음 시 유의사항

- [tr-]발음은 우리말의 [츄ㄹ~]로 발음한다.
  예 **tr**ansit, **tr**avel, **tr**ansfer, **tr**ip
- [s] 다음에 [t]발음이 올 경우, 경음화 되어 우리말의 [ㄸ]로 발음한다.
  예 s**t**rictly, s**t**ow, cus**t**oms, cus**t**omer, s**t**op, dis**t**urbance, s**t**arted, s**t**ill, lives**t**ock, indus**t**ry, s**t**aff
- 모음 사이의 [t], [d]발음, [rt]의 [t]발음, [rd]의 [d]발음은 약화되어 [ㄹ]발음처럼 부드럽게 발음할 수 있다.
  예 i**t**em, loca**t**ed, prohibi**t**ed, permi**tt**ed, du**t**ies, bo**tt**le, vi**d**eo, por**t**able, car**t**on, star**t**ed, or**d**er, accor**d**ing, boar**d**ing
- [t]나 [d]발음으로 끝나는 단어의 경우, 우리말의 [으]모음을 붙이지 않도록 유의한다.
  예 shor**t**[쇼rt] (○) → [쇼r트] (×),
  stowe**d**[s또우d] (○) → [스또우드] (×)

3 연구개파열음(Velar Plosive) - [k]와 [g]

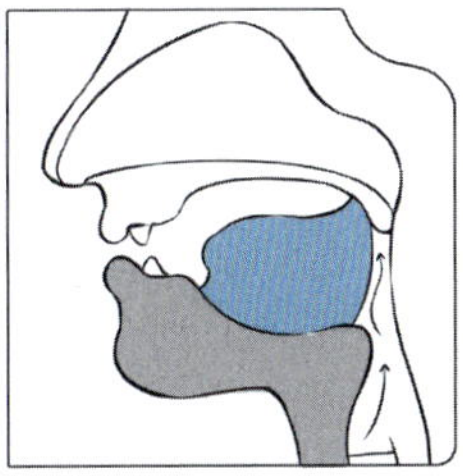

[k]의 조음

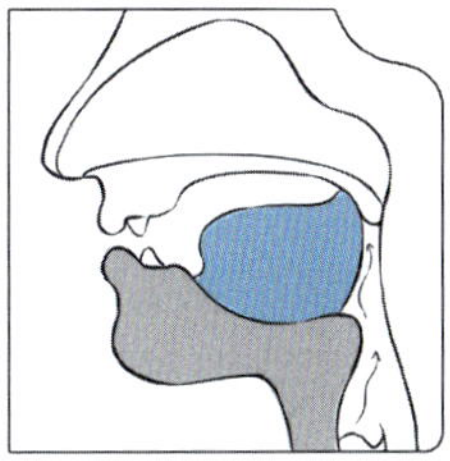

[g]의 조음

❶ [k] 발음

후설(後舌)을 연구개에 밀착시켜 입안의 공기를 차단시켰다가 갑자기 터뜨리면서 발음하는 파열음이다. 또한 입술의 긴장도나 구강 안의 압력, 그리고 파열의 정도가 강한 경음이며, 성대의 진동이 없는 무성음이다.

❷ [g] 발음

후설(後舌)을 연구개에 밀착시켜 입안의 공기를 차단시켰다가 갑자기 터뜨리면서 발음하는 파열음이다. 또한 입술의 긴장도나 구강 안의 압력, 그리고 파열의 정도가 약한 연음이며, 성대가 진동하는 유성음이다.

[k]		[g]	
Korean	한국의, 한국인	go	가다
carry	나르다, 운반하다	gate	탑승구
captain	기장	ground	땅

[k]		[g]	
cabin crew	승무원	good	좋은
sky	하늘	magazine	잡지
smoking	흡연	regret	유감스럽게 생각하다
screens	스크린	agricultural	농업의
recommend	추천하다	fog	안개
liquor	술	congregate	모이다

발음 시 유의사항

- [s]다음에 [k]발음이 올 경우, 우리말의 [ㄲ]로 발음한다.
  예 s**k**y, s**c**reens, s**ch**eduled
- 단어 내에서 2개의 모음(반모음 포함) 사이에 있는 [k]발음을 포함하는 음절의 모음에 강세가 없는 경우, 우리말의 [ㄲ]로 발음한다.
  예 re**c**ommend, li**q**uor, li**q**uid, smo**k**ing

4 순치마찰음(Labio–dental Fricative)- [f]와 [v]

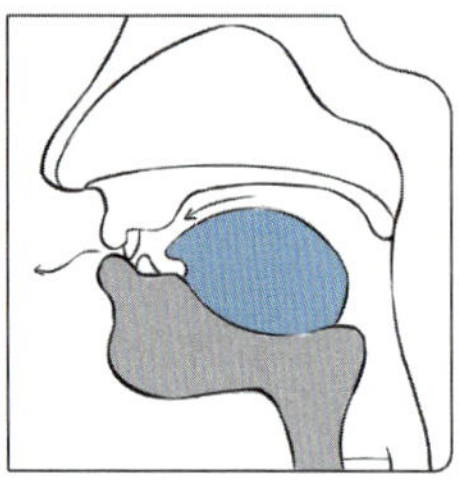

[f]의 조음

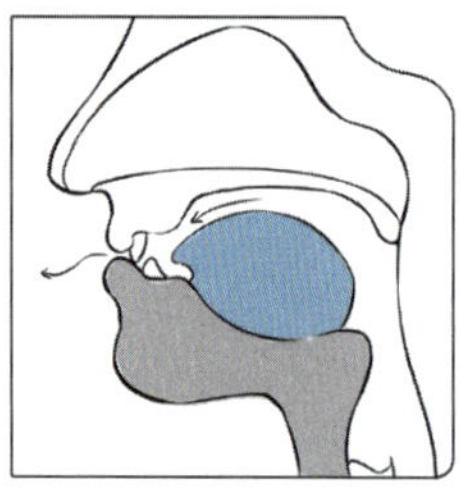

[v]의 조음

❶ [f] 발음

윗니를 아랫입술 위에 살짝 대고 그 사이로 입안의 공기를 내보내면서 발음하는 마찰음이다. 또한 입술의 긴장도나 구강 안의 압력, 그리고 파열의 정도가 강한 경음이며, 성대의 진동이 없는 무성음이다.

❷ [v] 발음

윗니를 아랫입술 위에 살짝 대고 그 사이로 입안의 공기를 내보내면서 발음하는 마찰음이다. 또한 입술의 긴장도나 구강 안의 압력, 그리고 파열의 정도가 약한 연음이며, 성대가 진동하는 유성음이다.

[f]		[v]	
flight	비행	overhead	머리 위에
front	앞쪽	violence	폭력
fasten	매다	approved	인가된, 승인된
form	종류, 유형, 서식	of	~의
after	~후에	aviation	항공
take-off	이륙	have	가지다, 소유하다
safety officer	안전 관리자	deliver	배달하다, 인계하다
information	정보	video	비디오
frequent	잦은, 빈번한	valued	소중한, 귀중한
flyer	비행기 승객	travel	여행하다
shift	옮기다, 이동하다	available	이용할 수 있는
before	~전에	equivalent	동등한
free	자유로운, 무료의	visit	방문하다
inform	알리다, 통지하다	livestock	가축
farm	농장	leave	떠나다
careful	조심하는, 주의 깊은	convenient	편리한

발음 시 유의사항

- [f] 발음 시 [p]발음 또는 우리말의 [ㅃ]발음과 혼동하지 않도록 유의한다.
  예) **f**light → plight(×), **f**asten → 패쓴(×), be**f**ore → 비뽀얼(×)
- [v] 발음 시 [b]발음 또는 우리말의 [ㅂ]발음과 혼동하지 않도록 유의한다.
  예) o**v**erhead → oberhead(×), **v**alued → 밸류드(×)

5 치아마찰음(Dental Fricative) - [θ]와 [ð]

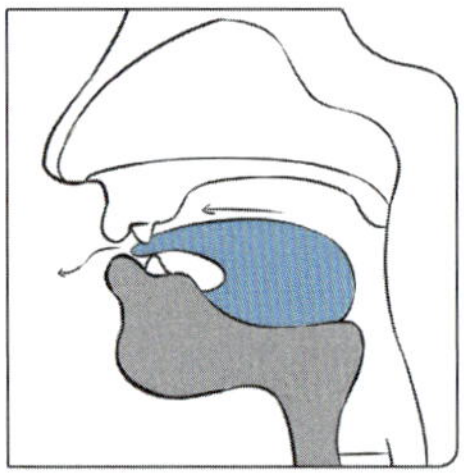

[θ]의 조음

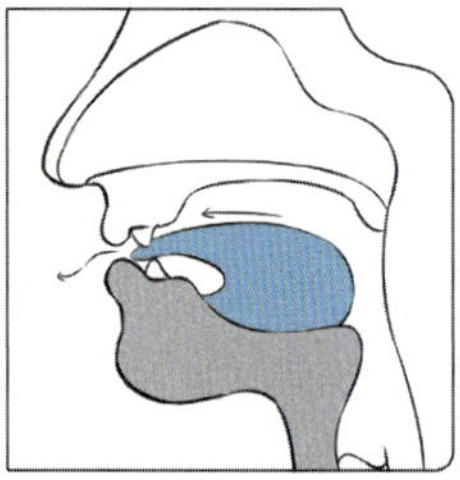

[ð]의 조음

❶ [θ] 발음

윗니와 아랫니를 가볍게 벌리고 그 사이로 혀끝을 살짝 밀어 넣고 입김을 불어내면서 발음하는 마찰음이다. 또한 입술의 긴장도나 구강 안의 압력, 그리고 파열의 정도가 강한 경음이며, 성대의 진동이 없는 무성음이다.

❷ [ð] 발음

윗니와 아랫니를 가볍게 벌리고 그 사이로 혀끝을 살짝 밀어 넣고 입김을 불어내면서 발음하는 마찰음이다. 또한 입술의 긴장도나 구강 안의 압력, 그리고 파열의 정도가 약한 연음이며, 성대가 진동하는 유성음이다.

[θ]		[ð]	
thank	감사하다	the	(정관사)
worth	~의 가치가 있는	this	이것
mouth	입	that	저것
month	달, 월	there	거기에, 그곳에
third	셋째의	these	이런, 이(것)들
thousand	천	with	~와 함께
through	~을 통해	further	더, 추가의
health	건강	another	또 하나(의), 다른

발음 시 유의사항

- [θ] 발음 시 [s]나 우리말의 [ㅆ]로 발음하지 않도록 유의한다.
  예 **th**ank you → 쌩큐(×), mou**th** → mouse(×)
- [ð] 발음 시 [d]나 우리말의 [ㄷ]으로 발음하지 않도록 유의한다.
  예 **th**is → 디스(×), **th**ey → 데이(×)

6 치경마찰음(Alveolar Fricative) - [s]와 [z]

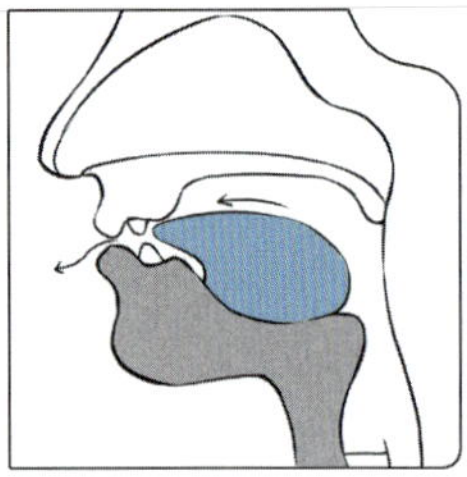

[s]의 조음

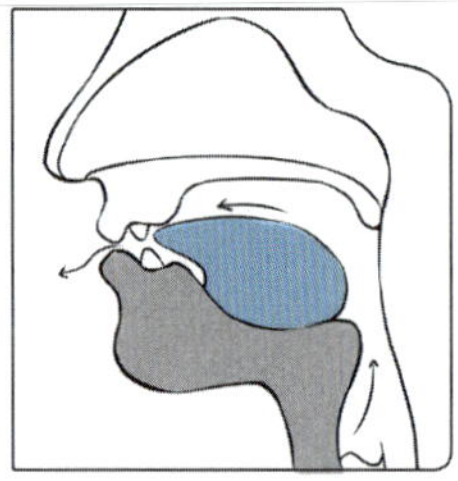

[z]의 조음

❶ [s] 발음

혀끝을 치경 가까이에 두고 그 사이로 입안의 공기를 내보내면서 발음하는 마찰음이다. 또한 입술의 긴장도나 구강 안의 압력, 그리고 파열의 정도가 강한 경음이며, 성대의 진동이 없는 무성음이다.

❷ [z] 발음

혀끝을 치경 가까이에 두고 그 사이로 입안의 공기를 내보내면서 발음하는 마찰음이다. 또한 입술의 긴장도나 구강 안의 압력, 그리고 파열의 정도가 약한 연음이며, 성대가 진동하는 유성음이다.

[s]		[z]	
smoking	흡연	zero	0, 영
use	명사) 사용	use	동사) 사용하다
turbulence	난기류	position	자세, 위치

[s]		[z]	
announce	방송하다, 발표하다	as	~처럼, 같이
seat	좌석	please	제발
security	보안, 경비	disease	병
cigarette	담배	transit	통과, 환승([s][z])
special	특별한	dollars	(dollar의 복수형)
strictly	엄격히, 엄하게	items	(item의 복수형)
sky	하늘	customs	세관
aircrafts	항공기	Ladies	(lady의 복수형)

발음 시 유의사항

- 자음 앞, 어말, 약세모음 앞의 [s]는 가볍게 [ㅅ]로 발음한다.
  예) **s**moking, turbulen**ce**
- 단음절 단어의 어두, 강세모음 앞의 [s]는 성대가 긴장되어 강화된 [s]발음이 난다. 단, 우리말의 [ㅅ] 또는 [ㅆ]으로 발음하지 않는다.
  예) **s**eat [싯], [씻] (×), **s**ecurity, **c**igarette
- 명사의 복수형 발음의 경우 단어 어미의 발음에 따라 소리가 달라진다.
  - ▶ [p], [f], [k], [θ] 등의 무성음 어미 + s(es) = [s]로 발음
    예) drink**s**[driŋks], book**s**[buks]
  - ▶ [t] + s = [ts], 우리말의 [ㅊ]로 발음
    예) gate**s**[geits], act**s**[ækts], content**s**[kάntents]
  - ▶ [b], [v], [d], [g], [m], [n], [r] 등의 유성음 어미 + s =[z]로 발음
    예) bin**s**[binz], item**s**[áitəmz], computer**s**[kəmpjúːtərz]
  - ▶ [z], [x], [dʒ], [s], [ʃ], [tʃ] +es = [iz]로 발음
    예) disease**s**[dizíːziz], device**s**[diváisiz]
- [s] 다음의 [p], [t], [k]는 무기음이 되어 각각 우리말의 [ㅃ], [ㄸ], [ㄲ]로 되게 발음한다.
  예) **sp**read, ex**p**erience, **sk**y, **sc**reens, **sch**eduled, **st**art, **st**ow, **st**ored, **st**ill, di**st**urbance, cu**st**oms, de**st**ination, live**st**ock, indu**st**ry

7 유음(Liquid) - [l]과 [r]

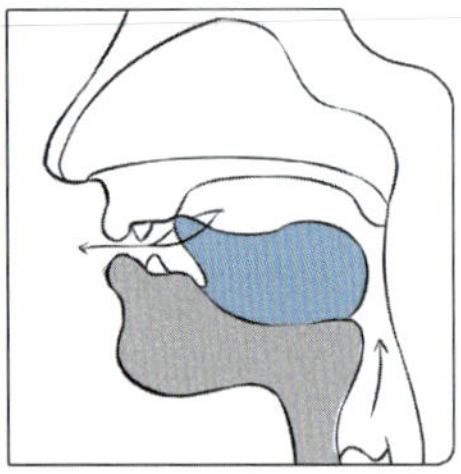

[l]의 조음

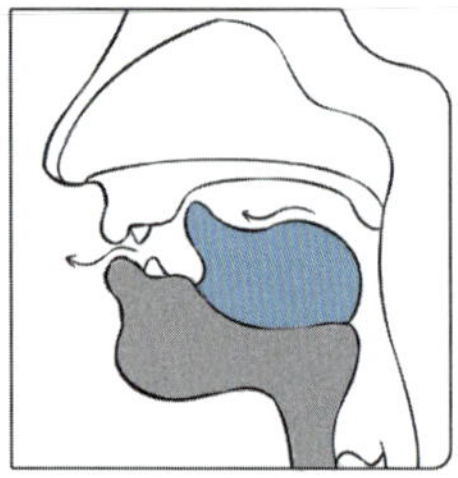

[r]의 조음

❶ [l] 발음

혀끝을 치경에 대고 혀의 좌우 양측으로 입안의 공기를 내보내면서 발음한다. 성대가 진동하는 유성음이다.

❷ [r] 발음

혀끝을 치경 가까이에 두고 다시 경구개 쪽으로 말아 올리며 내는 음으로 성대가 진동하는 유성음이다.

[l]		[r]	
clear [l]		remember	기억하다
lady	숙녀	refer	언급하다, 참조하다
please	제발	remind	상기시키다
flight	비행	return	돌아오다, 돌아가다
leave	떠나다, 남겨두다	restriction	제한, 규제
like	좋아하다	regret	후회하다, 유감

[l]		[r]	
law	법	remain	남다, 유지하다
laptop	노트북	crew	승무원
valued	소중한, 귀중한	preparation	준비
dark [l]		**[모음 + r]**	
will	~할 것이다	depart	출발하다
belt	벨트	shortly	곧, 잠시 후에
portable	휴대용의	overhead	머리 위에
table	테이블, 탁자	form	형태, 서식
meal	식사	entire	전체의
all	모든	board	탑승하다
still	여전히, 아직도	flyer	승객
travel	여행하다	more	좀 더
special	특별한	turbulence	난기류
bottle	병	turn	돌다, 돌리다
sale	판매	dollar	달러

발음 시 유의사항

- 어두나 모음 사이에 [l]이 오는 경우 밝고 가볍게 들린다. (clear [l])
  예 leave, like, land, limousine, valued
- 어두에 자음이 오고 바로 그 다음에 [l]이 오는 경우 밝고 가볍게 들린다. (clear [l])
  예 please, flight, close, place
- 어말에 [l]이 오는 경우 흐리고 무거운 소리를 낸다. (dark [l])
  예 meal, sale, will, still, tell, table
  ▶ 이 경우 [l]발음 앞에 [ə]를 삽입해서 발음하면 된다.
  예 meal[mi:l] → meal[mi:əl],
  still[stil] → still[stiəl](단, 음가가 길어지지 않도록 유의한다.)
- 모음과 자음 사이에 [l]이 오는 경우 흐리고 무거운 소리를 낸다. (dark [l])
  예 help, film, belt, milk, welcome

▶ 이 경우 [l]이 약화된 [ʊ](한국어의 [우]와 [어]의 중간음)로 대체되어 발음된다.
예 help [hɛʊp], film[fiʊm]

- 어두에 [r]이 오는 경우 입술을 약간 둥글게 내밀고 발음하며, [l]이나 한국어의 [ㄹ]로 대체해서 발음하지 않도록 유의한다.
예 remind[뤼마인d], remain[뤼메인]
- 어말에 모음과 연결되어 [r]이 나오는 경우, 후설이 연구개방향으로 올라가면서 혀의 양 날개는 윗니에 살짝 닿게 되고, 입술은 약간 둥그런 모양이 된다.
예 order, hour, sure, more, here, another, for
- r 복자음(r blend: br-, cr-, fr-, gr-, pr-)의 경우, 앞뒤의 자음을 엄밀히 구분하여 소리 내지 않고, 마치 하나의 음처럼 부드러우면서도 빠른 속도로 연음이 된다.
예 front, prohibited, free, frequent, aircraft, abroad
- t나 d 다음에 r이 오는 경우 [tʃ]나 [dʒ]로 발음한다.
예 tray, travel, transit, entry, dream, drink

8 경구개치경파찰음(Palato-alveolar Affricate) - [tʃ]와 [dʒ]

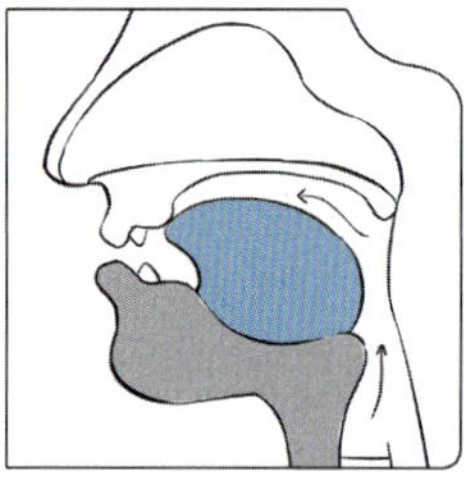

[tʃ]의 조음

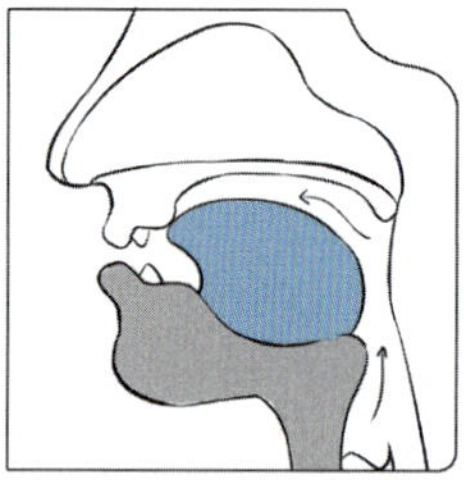

[dʒ]의 조음

❶ [tʃ] 발음

혀끝을 치경 가까이에 두고 전설(前舌)을 경구개에 가까이 댄 후 생긴 좁은 통로를 따라 입안의 공기를 내보내면서 발음한다. 성대가 진동하지 않는 무성음이다.

❷ [dʒ] 발음

혀끝을 치경 가까이에 두고 전설(前舌)을 경구개에 가까이 댄 후 생긴 좁은 통로를 따라 입안의 공기를 내보내면서 발음한다. 성대가 진동하는 유성음이다.

[tʃ]		[dʒ]	
departure	출발	gentlemen	신사
such	그런, 그 정도의	gel	젤
purchase	구입하다, 구매하다	procedure	절차
approach	다가가다, 다가오다	individual	개인의
change	변하다, 달라지다	join	연결하다, 가입하다

발음 시 유의사항

- [tʃ]발음은 한국어의 [ㅊ]과 비슷하지만, [ㅊ]발음은 가볍게 입천장을 건드리고 끝내는 반면, [tʃ]발음은 힘을 줘서 혀를 떨어뜨려야 한다. 입 모양은 반드시 입술이 위아래로 들려야 한다.
- [dʒ]발음은 한국어의 [ㅈ]발음과 비슷하지만, [ㅈ]발음은 치경에 혀를 붙였다가 떼면서 가볍게 발음하는 반면, [dʒ]발음은 혀로 치경을 누르면서 공기를 막았다가 강하게 터뜨리면서 발음한다. 입 모양은 반드시 입술이 위아래로 들려야 한다.

9 전이음(Glide) - [w]

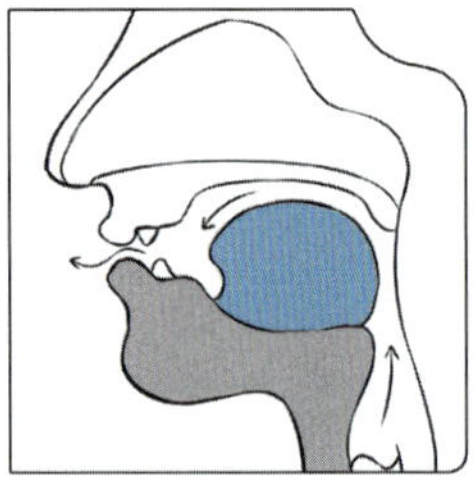

[w]의 조음

❶ [w] 발음

입술을 둥글게 내밀고 후설을 연구개에 가까이 한 뒤 입안의 공기를 내보내면서 발음한다. 성대가 진동하는 유성음이다.

[w]	
would	조동사 will의 과거형
window	창문
language	언어
liquid	액체
equivalent	동등한, 등가물
frequent	잦은, 빈번한
quarantine	검역, 격리, 격리하다

발음 시 유의사항

- 입술을 최대한 좁혀서 앞으로 길게 내민다. 이 때 입안에서는 '오'처럼 공간을 만드는데, 입술은 '우'를, 입안에서는 '오'를 한다고 생각하고 짧고 강하게 '우'라고 발음한다.
- '으-우-위', 또는 '으-우-워'와 같이 우리말의 복모음을 빠르게 이어서 발음하는 방식으로 발음할 수도 있다.
- [w]발음 시 우리말 복모음처럼 한번에 발음해서는 안되고, [w]를 선명하게 발음하고 곧바로 모음을 연결해서 발음한다.

  예 lang**ua**ge [랭귀지](×) → [랭ㄱ위dʒ](○)
  eq**ui**valent [이퀴vələnt](×) → [이ㅋ위vələnt](○)
  freq**ue**nt [fri:컨t](×) → [fri:ㅋ원t](○)

2 모음 발음법

모음은 조음기관의 장애를 받지 않고 공기가 자유롭게 흘러나오는 소리로, 자음의 도움 없이도 독립적인 말소리를 이룬다. 소리의 고저(pitch)나 강세(stress), 그리고 억양(intonation) 등은 모음에 의해서 표현이 된다. 모음은 혀의 높이, 혀의 전·후 위치, 입술의 모양, 긴장도에 의해 구분되며, 각각의 정확한 입 모양을 숙지하도록 한다.

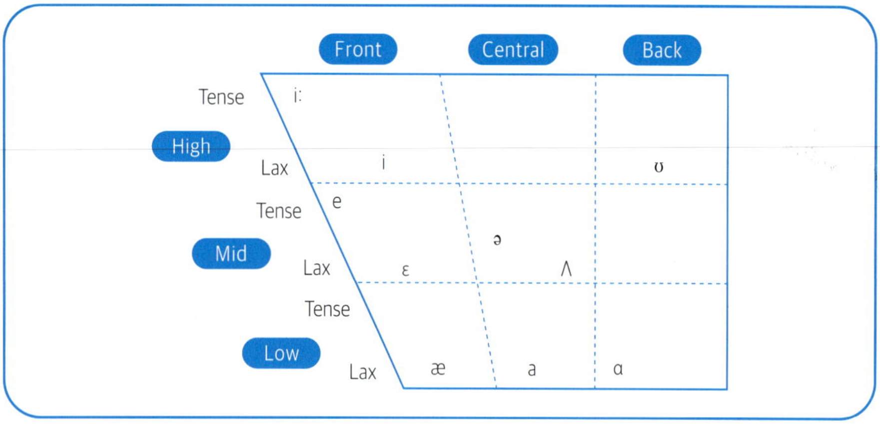

영어의 모음 사각도

1 전설고모음(Front-high Vowel) - [i:]와 [i]

❶ [i:] 발음

혀의 앞부분(front), 높은 곳(high)에서 만들어지는 소리로, 입술을 좌·우 양쪽으로 당기고 혀의 근육을 긴장(tense)시키며 길게 발음한다.

❷ [i] 발음

혀의 앞부분(front), 높은 곳(high)에서 만들어지는 소리로, 입술을 좌·우 양쪽으로 당기고 혀의 근육을 이완(lax)시키며 짧게 발음한다.

[i:]		[i]	
evening	저녁	if	만약 ~라면
seat	좌석	bin	통
free	자유로운, 무료의, ~이 없는	minute	분
keep	유지하다	still	여전히, 아직도
disease	병	cabin	객실

2 전설중모음(Front-mid Vowel) - [e]와 [ɛ]

❶ [e] 발음

혀의 앞부분 가운데(mid)에서 만들어지는 소리로, 입술을 위·아래로 살짝 벌리고 혀의 근육을 긴장시켜 발음한다. [e]는 이중모음화 [ei]되는 경우가 대부분이다.

❷ [ɛ] 발음

혀의 앞부분 가운데(mid)에서 만들어지는 소리로, 입술을 위·아래로 살짝 벌리고 혀의 근육을 이완시켜 발음한다.

[ei]		[ɛ]	
gate	문	check	살피다, 알아보다
way	길, 방법	head	머리, 가다, 향하다
tray	쟁반	share	공유하다, 나누다
day	날, 하루	sell	팔다
take	가지고 가다	help	돕다
make	만들다	ten	10

3 전설저모음(Front-low Vowel) - [æ]

❶ [æ] 발음

혀의 앞부분 낮은 곳(low)에서 만들어지는 소리로, 입술을 위·아래로 크게 벌리고 혀의 근육을 이완시켜 발음한다. 이 소리는 입이 크게 벌어지기 때문에 장음화되어 길게 발음한다.

[æ]	
ask	물어보다
fasten	매다, 채우다
have	가지고 있다
happy	행복한
and	그리고
animal	동물
agricultural	농업의
after	~ 후에

4 후설고모음(Back-high Vowel) - [u]와 [ʊ]

❶ [u] 발음

혀의 뒷부분(back), 높은 곳에서 만들어지는 소리로, 휘파람을 불 듯 입술을 둥글게 내밀고 혀의 근육을 긴장시켜 길게 발음한다. [u]는 강세음절에서 장모음이 되며, 미국영어에서는 이중모음화 되는 경향이 있다.

❷ [ʊ] 발음

혀의 뒷부분(back), 높은 곳에서 만들어지는 소리로, 휘파람을 불 듯 입술을 둥글게 내밀고 혀의 근육을 이완시켜 짧게 발음한다.

[u:]		[ʊ]	
too	너무, 또한	would	~할 것이다
soon	곧	good	좋은
through	~을 통해	should	해야 한다
crew	승무원	look	보다, 보이다
use	사용하다	put	놓다
duty	의무, 세금	fully	완전히, 충분히

5 후설중모음(Back-mid Vowel) - [o]와 [ɔ]

❶ [o] 발음

혀의 뒷부분, 가운데에서 만들어지는 소리로, 휘파람을 불 듯 입술을 둥글게 내밀고 혀의 근육을 긴장시켜 발음한다. [o]는 강세를 받을 경우 이중모음화 되어 [ou]의 음가를 갖는다.

❷ [ɔ] 발음

혀의 뒷부분, 낮은 곳에서 만들어지는 소리로, 휘파람을 불 듯 입술을 둥글게 내밀고 혀의 근육을 이완시켜 발음한다. [ɔ]는 강세를 받을 경우 장모음이 되거나 이중모음화[ɔə] 된다.

[ou]		[ɔ]	
open	열다	all	모든
only	유일한	of	~의
go	가다	on	~위에
headphone	헤드폰	also	또한, 게다가
overhead	머리 위의	law	법
hope	바라다, 희망하다	abroad	해외에, 해외로

6 후설저모음(Back-low Vowel) - [a]

❶ [a] 발음

혀의 뒷부분, 낮은 곳에서 만들어지는 소리로, 입술을 위아래로 크게 벌리고 혀의 근육을 긴장시켜 발음한다. [a]는 입을 상당히 크게 벌리고 발음해야 한다.

[a]	
doctor	의사
pocket	주머니
tomorrow	내일
non-approved	허가 받지 않은
congregate	~을 모으다, 모이다
shopping	쇼핑

7 중설저모음(Central-mid Vowel) - [ə]와 [ʌ]

❶ [ə] 발음

혀의 중간부분(central), 가운데에서 만들어지는 소리로, 입술을 위아래로 살짝 벌리고 혀의 근육을 이완시켜 발음한다. 입술과 혀의 긴장이 거의 없으며 영어에서 강세를 받지 않는 음절의 발음은 거의 [ə]로 발음된다.

❷ [ʌ] 발음

혀의 중간부분(central), 가운데에서 만들어지는 소리로, 입술을 위아래로 적당히 벌리고 혀의 근육을 이완시켜 발음한다. 이 소리는 약세모음인 [ə]와는 달리 강세를 받은 음절에만 나타난다.

[ə]		[ʌ]	
gentlemen	신사	upright	똑바른, 수직으로
Korean	한국의, 한국어	understand	이해하다
arrive	도착하다	such	그런, 그러한
animal	동물	under	~ 아래에
today	오늘	customer	고객, 손님

[ə]		[ʌ]	
item	항목, 물품	us	우리를
harassment	괴롭힘, 희롱	must	해야 한다
position	자세, 위치	customs	세관, 관세

8 이중모음(Dipthong)과 삼중모음(Triphthong)

❶ [ei], [ai], [ɔi], [au], [ou], [aər]=[a:r], [ɔər]=[ɔ:r], [ɛər], [uər], [aiər]

이중모음의 두 번째 나오는 모음은 짧고 약하게 발음한다.

[ei]	[ai]	[ɔi]	[au]	[ou]	[a:r]	[ɔ:r]	[ɛər]	[uər]	[aiər]
sales	buy	enjoy	hour	hope	card	order	area	sure	entire
gate	like	join	now	open	far	more	there	during	require
table	item	oil	about	over	start	board	share	your	acquire
may	sky	coin	bound	stow	are	morning	air	Europe	fire
aviation	device	spoil	counter	show	carton	short	care	cure	hire

3 강 세

영어는 음절 박자 언어(syllable-timed language)인 한국어와는 달리 강세 박자 언어(stress-timed language)이다. 한국어는 모든 낱말을 빠짐없이 발음하므로, 음절수가 많아지면 그에 비례하여 말하는 시간도 길어진다. 그러나 영어는 강세가 있는 음절의 개수를 따지기 때문에, 강세가 있는 음절 뒤 그 다음에 강세가 있는 음절이 나올 때까지의 시간 간격을 한 박자로 해서 발음한다. 중간에 강세가 없는 음절의 모음은 약모음 처리(schwa)를 재빨리 하기 때문에 문장 하나에 단어 몇 개만 들리는 이유가 바로 이 때문이다.

따라서 단어 고유의 발음기호와 음절강세, 그리고 문장 내에서의 내용어(content words, 주요 단어)를 파악하여 강세가 있는 부분의 모음은 더 크고 길게 발음하고, 강세가 없는 부분의 모음은 더 작고 짧게 발음함으로써 리듬감이 생기게 해야 한다.

다음은 일반적인 강세 규칙이다.

1 단어강세

(1) 1음절 단어

영어의 강세는 모음에 있기 때문에 1음절 단어는 단어 안의 유일한 모음에 강세를 주면 된다. 단, 이중모음들은 하나의 소리덩어리로 보아 1음절로 생각해야 한다.

예 stowd[stoud], based[beist], seat[siːt]

(2) 2음절 단어

2음절 단어부터는 품사가 영향을 미친다. 2음절 단어 중에 약 90% 이상이 명사는 강세가 앞에, 동사는 강세가 뒤에 있다.

예 명사 : window[wíndou], captain[kǽptin], morning[mɔ́ːrniŋ], safety[séifti]
동사 : expect[ikspékt], provide[prəváid], begin[bigín], remind[rimáind], refer[rifə́ːr], permit[pərmít], return[ritə́ːrn]

한 단어가 명사, 동사 둘 다 있으면 위 규칙처럼 명사는 앞에 강세, 동사는 뒤에 강세를 준다.

예 increase[ínkriːs] 증가(명사), increase[inkríːs] 증가하다(동사)
permit[pə́ːrmit] 허가(명사), permit[pərmít] 허가하다(동사)

(3) 3음절 단어

첫 음절에 강세가 오는 명사의 경우, 둘째 음절과 셋째 음절은 약모음(schwa)이 된다.

예 gentlemen[dʒéntlmən], quarantine[kwɔ́ːrəntìːn], industry[índəstri]

둘째 음절에 강세가 오는 경우, 첫 음절과 셋째 음절은 약하게 발음한다.

예 computer[kəmpjúːtər], remember[rimémbər], prohibit[prouhíbit]

셋째 음절에 강세가 오는 경우, 첫 음절을 강하게 발음하고 둘째 음절은 약하게, 셋째 음절은 가장 강하게 발음한다.

예 magazine[mægəzíːn], understand[ʌndərstǽnd], Japanese[dʒæpəníːz]

(4) 형용사의 강세

형용사는 명사와 비슷하게 2음절 단어의 약 70%는 강세가 앞에 있다.

예 special[spéʃəl], valued[vǽljuːd], frequent[fríːkwənt], careful[kéərfəl], avian[éiviən]

(5) 접두사(prefix)가 붙은 어휘의 강세

un-, dis-, pre-, pro-, re-, il-, be-, for-, to-, mis-, under-, a-, with- 등의 접두사에는 강세가 없다.

예 unexpected[ʌnikspéktid], disturbance[distə́ːrbəns], remind[rimáind], prevent[privént], provide[prəváid], understand[ʌndərstǽnd]

(6) 접미사(suffix)가 붙은 어휘의 강세

-tion, -sion, -tial, - cial, -tious, -cious, -ical, -ity, -sive 등의 음절로 끝나는 어휘들은 이 어미 바로 앞 음절에 강세가 온다.

예 information[ìnfərméiʃən], aviation[èiviéiʃən], preparation[prèpəréiʃən], attention [əténʃən], restriction[ristríkʃən], disinfection[dìsinfékʃən], destination[dèstənéiʃən], special [spéʃəl], infectious[infékʃəs]

2 어구의 강세

❶ '명사 + 명사'의 경우 앞의 명사에 강세를 준다.
예 cabin crew, flight time, seatbelt sign, safety officer, video screens

❷ '형용사 + 명사'의 경우 뒤의 명사에 강세를 준다.
예 in–flight disturbance, bad weather

❸ '동사 + 부사'의 경우 뒤의 부사에 강세를 준다.
예 turned off, take off, fill out, push back

❹ '동사 + 전치사'의 경우 앞의 동사에 강세를 준다.
예 arrived at, landed at

3 문장의 강세

문장 내에서 내용어(content words)가 될 수 있는 동사, 명사, 형용사, 부사, 지시대명사, 의문사와 같은 품사에 강세를 준다.

기능어(function words) 역할을 주로 하는 관사, 대명사, 전치사, 접속사, 조동사, be 동사, have 동사와 같은 품사에는 강세를 주지 않는다.

예 We will now collect headphones and magazines.
Smoking in the cabin and lavatories is prohibited at all times during the flight.
Captain Kim and the entire crew would like to welcome aboard OO Air.
We have a Japan based cabin crew on board.

4 억 양

억양(Intonation)이란 말하는 사람의 의도와 감정상태에 따라서 음높이(pitch)를 올렸다 내렸다 하는 것이다. 강세가 음절이나 단어를 음절 단위로 강조를 했다가 힘을 뺐다가 하는 것으로 음악에서의 박자의 역할을 한다면, 억양은 문장 전체에 실려있는 주관적인 멜로디라고 보면 된다. 억양의 변화는 화자의 감정 상태나 강조하는 것에 따라 차이가 있을 수 있지만, 억양을 올리거나 내리는 기본 원칙은 다음과 같다.

❶ 수식을 받는 단어에 힘을 주어 발음하며 억양을 올린다.

- We are still in an area of anticipated turbulence.
- Please make sure that your seatbelt is securely fastened.
- Also, in order to prevent the spread of infectious diseases,/ you must visit the quarantine center.

❷ 내용어(중요한 정보 전달을 하는 어휘)에 힘을 주어 발음하며 억양을 올리고, 기능어는 약하고 빠르게 이어서 발음하며 억양을 올리지 않는다.

- Our flight time to Tokyo today/ will be 1 hour and 50 minutes.
- We will be departing shortly.
- Please fasten your seatbelt,/ return your seat and tray table to the upright position.

❸ 일반적으로 평서문, 의문사 의문문, 명령문에서는 강세를 받는 마지막 음절, 또는 가장 중요한 정보를 담고 있는 음절에서 올라갔다가 뚝 떨어지는 억양 패턴을 보인다.

- The captain has turned off the seatbelt sign.

- Please remember to take all of your belongings.

❹ and나 or로 여러 가지를 열거하는 문장에서는 앞에 두 요소는 선택적으로 억양이 올라가거나 내려갈 수 있지만, 마지막 부분은 올라갔다가 뚝 떨어지는 억양을 패턴을 보인다.

- Return your seat and tray table to the upright position.
- If you are bringing agricultural,/ animal(↗ or ↘),/ or marine products into Korea ~.

❺ if절과 같은 부사절 다음은 올려 읽고, 문장의 끝은 내려 읽는다.

- If you have checked-in to your final destination,/ please proceed directly to the departure gates.
- If you wish to join, please ask our cabin crew.

5 띄어 읽기

기내 방송의 정확한 의미 전달을 위해 영어 문장이 긴 경우 의미의 덩어리가 되는 구와 절 단위로 적당하게 끊어 읽어야 한다. 다음은 띄어 읽기의 일반적인 원칙이다.

❶ 주어 앞에 오는 부사구와 부사절은 주어 앞에서 끊어 읽는다.

- In preparation for departure,/ please fasten your seatbelt.
- After leaving the aircraft,/ please proceed to the transit area.
- Due to restrictions on liquids and gels for transit passengers,/ please ask our cabin crew before purchasing these items.
- To enter Korea,/ please have your entry documents ready.

❷ 긴 주어 뒤에서 끊어 읽는다.

- Our flight time to Tokyo today/ will be 1 hour and 50 minutes.
- Captain Kim and the entire crew/ would like to welcome aboard K-Air.

❸ 긴 목적어 앞에서 끊어 읽는다.

- Please make sure/ that your carry-on items are stowed in the overhead bins/ or under the seat in front of you.
- We recommend/ that you keep your seatbelt fastened at all times.

❹ 접속사 앞에서 끊어 읽는다.

- Please fasten your seatbelt/ and return your seat and tray table to the upright position.
- You may purchase items now,/ or order items for your return flight.

❺ 관계대명사와 선행사 사이에서 끊어 읽는다.

- Please fully cooperate with cabin crew/ who act as safety officers during the flight.

❻ 여러 가지 요소를 열거하는 경우, 열거하는 요소를 하나씩 끊어 읽는다.

- If you are bringing agricultural,/ animal/ or marine products into Korea,/ please inform the quarantine center.
- Please remember/ that commotion,/ smoking,/ acts of violence,/ any form of harassment,/ any in-flight disturbance of the crewmember's duties/ and the use of non-approved portable electronic devices/ are all strictly prohibited.

6 연음

영어를 영어답게 말하기 위해서는 단어들을 자연스럽게 연결해서 발음하여야 한다. 다음은 연음의 일반적인 법칙이다.

❶ 연속되는 두 단어에서 앞 단어의 끝과 다음 단어의 첫마디에 같거나 유사한 자음이 만나면 앞 자음이 생략되고 뒷 자음 하나만 발음한다.

- The scheduled departure time is ~.
- Please stow your ~.
- You must declare them ~.
- We were delayed due to ~.
- Please proceed to the transit area.
- limousine bus service
- required to ~
- with the aircraft

❷ 자음과 모음이 이어서 나오는 경우 부드럽게 연결해서 발음한다.

- Please take⌒your seat.
- The captain has turned⌒off the seatbelt sign.
- Keep⌒your seatbelt fastened.
- We ask⌒you to turn⌒off all mobile phones.
- We will be happy to assist⌒you.
- Please ask⌒our cabin crew.
- at the end⌒of the main deck
- during take⌒off
- with⌒us

❸ [t]나 [d] 다음에 모음이 나오는 경우 우리말의 [ㄹ]처럼 부드럽게 발음된다.

- at⌒all times[æt ɔːl taimz] → [ærɔːl taimz]
- at⌒any time[æt eni taim] → [æreni taim]
- Ladies⌒and gentlemen[léidiz ənd dʒéntlmən] → [léirizənd dʒéntlmən]

❹ 종성자음 [k, p, b, d, g] 등은 모음 없이는 독립된 음절로 발음할 수 없기 때문에 받침으로 앞의 모음에 덧붙이거나 생략된다.

- would like to [라이크] → [라익]
- make sure [메이크] → [메익]
- seat belt [씨:ㅌ] → [씻:]
- seat back [씨:ㅌ] → [씻:]
- next flight [넥ㅅㅌ] → [넥슷]
- bound for [바운ㄷ] → [바운]
- cards [카알dz] → [카알z]

❺ 한 단어에 자음이 셋 또는 그 이상 연속되는 경우 가운데 자음은 생략하여 발음하는 경우가 많다.

- directly [다이렉틀리] → [다이뤠끌리]
- shortly [쇼틀리] → [쇼올을리]
- strictly [스뜨뤽틀리] → [스뜨뤼끌리]

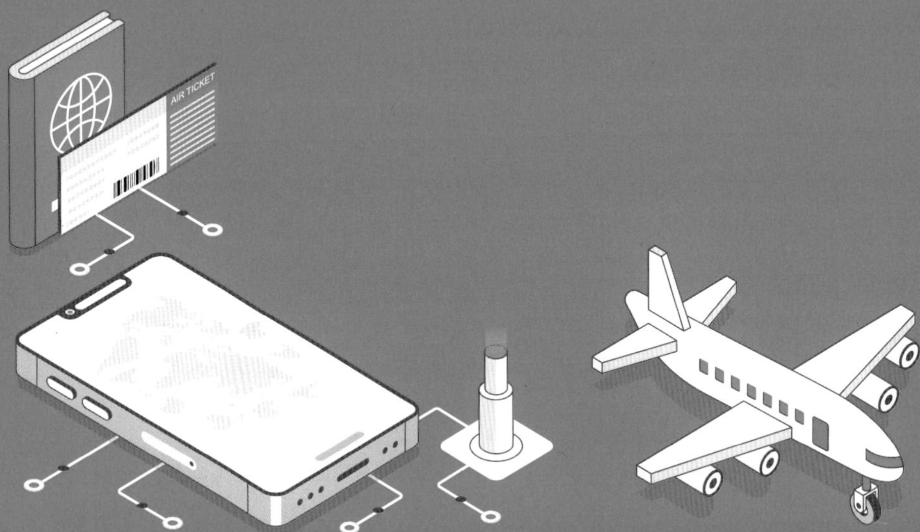
AIR TICKET

Chapter 5

기내 방송문 연습

Chapter 5

기내 방송문 연습

1 승객 탑승 및 이륙 전 방송

순 서	NCS 능력단위 요소	기내방송	세부 시점	항공기 위치
1	정상 상황 방송하기 [1203010512_16v1.2]	출발 준비 (Preparation for departure)	항공기 출발 5분 전	지상
2		화재 예방 (In-flight fire prevention)	승객 탑승 완료 후 Door Close 전	지상
3		탑승 환영 (Welcome)	Safety Check 후 Welcome 인사 준비 완료 시	지상
4		승객 안전 브리핑 (Safety Demonstration)	탑승 환영 방송 직후	지상
5		이륙(Take-off)	Take-off sign 직후	지상 → 상공으로 이륙

방송 시점별 비행기 위치

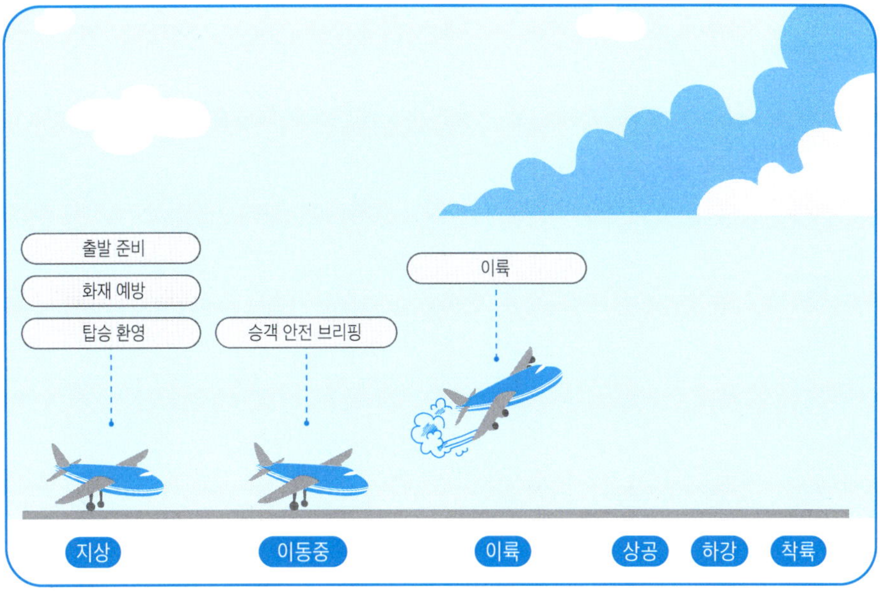

출처 : www.confessionsofatrolleydolly.com

1 출발 준비(Preparation for departure)

손님 여러분,

_____ (도시명)까지 가는 ○○항공 _____편, 잠시 후에 출발하겠습니다.

갖고 계신 짐은 앞 좌석 아래나 선반 속에 보관해 주시기 바랍니다. 출발을 위해 좌석벨트를 매주시고, 등받이와 테이블을 제자리로 해 주십시오.

아울러 기내에서의 흡연 및 승무원의 업무를 방해하는 행위는 항공보안법에 따라 엄격히 금지돼 있음을 알려드립니다. 고맙습니다.

손님 여러분,

_______ (도시명)까지 가는 ○○항공 _______편,∨ 잠시 후에 출발하겠습니다.
[항:공] [잠:시]

갖고 계신 짐은∨ 앞 좌석 아래나 선반 속에 보관해 주시기 바랍니다.
[좌:석] [보:관]

출발을 위해 좌석벨트를 매주시고,∨ 등받이와 테이블을 제자리로 해 주십시오.
[좌:석] [매:] [등바지]

아울러∨ 기내에서의 흡연 및 승무원의 업무를 방해하는 행위는∨ 항공보안법
[항:공보:안뻡]

에 따라 엄격히 금지돼 있음을 알려드립니다. 고맙습니다.
[엄껴키][금:지] [고:맙씀니다]

발음 시 유의사항

- 끊어 읽기 : '손님 여러분,~ ______편'까지 읽고 가볍게 반템포를 준 후 연결하여 읽는다.
- 목적지와 편명은 천천히 강조하여 읽어 승객이 알아듣기 쉽도록 읽는다.
- 편명의 억양을 낮게 하고 '편'의 억양만 올리는 경우가 많으므로 주의하고, 잠시 후 '에'의 조사의 억양을 올려 강조되지 않도록 유의한다.
- 주의할 발음
  - ▶ 항공, 방해, 행위, 항공보안법 : 정확한 'ㅎ'발음을 내도록 주의
  - ▶ 손:님, 항:공, 매:주시기, 금:지, 고:맙습니다 : 장음 발음에 주의
  - ▶ 좌:석(자석 ×), 보:관(보간 ×), 금:지돼(금지대 ×): 장음 및 이중모음 발음에 주의
  - ▶ 등받이=[등바지]로 발음에 유의

출처 : en.wikipedia.org

Ladies and gentlemen,

this is (항공사명) flight _____ bound for _____ (via _____).

We will be departing shortly. Please make sure that your carry-on items are stowed in the overhead bins or under the seat in front of you. To prepare for departure, please fasten your seatbelt and return your seatback and tray table to the upright position. Also, please note that smoking and disturbing cabin crew are all strictly prohibited according to the Aviation Security Laws.

Thank you.

Ladies⌒and gentlemen,/

this⌒is (항공사명) flight _____ bound⌒for _____ (via _____)./

편수, 목적지는 강세를 주어 정확하게 읽음

We will be departing shortly./ Please make⌒sure/ that⌒your carry-on

[dipá:rtiŋ] [meik] [kǽriən]

depart, items의 [t]는 약하게 발음 [ei] 이중모음

items⌒are stowed in the overhead bins/ or under the seat in front⌒of you./

[áitəmz] [stoud] [óuvərhed] [binz] [si:t]

[s]다음의 [t] 경음화, 어미-d에 '으'모음 삽입 금지 [ou]이중모음 장음

To prepare for departure,/ please fasten your seatbelt/ and return your

[pripέər] [dipá:rʧər] [fǽsn] [sí:tbelt] [ritə́:rn]

2음절 강세 r발음 유의, 디파쳐(×) [æ] 입이 크게 벌어지게 발음 r발음 유의, 리턴(×) 뤼터r언(○)

seatback⌒and tray table to the upright position.

[téibl] [ʌpràit] [pəzíʃən]

[tr-]츄뤠이 [ei]이중모음 앞의 명사 tray에 강세 어브라/엄라(×) 업롸(○) 2음절 강세 단모음 [i] 유의

Also, please note/ that smoking and disturbing cabin crew/ are all strictly

Also	note	smoking	disturbing	all	strictly
[ɔ́:lsou]	[nout]	[smóukiŋ]	[distə́:rbiŋ]	[ɔ:l]	[stríktli]
올쏘(×) [ɔ], [ou] 모음 유의	[ou] 이중모음	[ou] 이중모음 [k] 경음화	2음절 강세 [t] 경음화	올(×) [ɔ/l]발음 유의	[t]경음화

prohibited/according to the Aviation Security Laws.

prohibited	according	Aviation	Security	Laws
[prouhíbitid]	[əkɔ́:rdiŋ]	[èiviéiʃən]	[sikjúərəti]	[lɔ:z]
[ou], [i] 모음유의 2음절 강세	rd의 경우 d발음 약화	[ei] 이중모음 [v]발음,강세유의	2음절 강세 [r]발음 유의	low(×)

Thank⌒you./

억양

Ladies and gentlemen,
this is (항공사명) flight ____ bound for ____ (via ____).
We will be departing shortly. Please make sure that your carry-on items are stowed in the overhead bins or under the seat in front of you. To prepare for departure, please fasten your seatbelt and return your seatback and tray table to the upright position. Also, please note that smoking and disturbing cabin crew are all strictly prohibited according to the Aviation Security Laws.
Thank you.

출발 준비(Preparation for departure) 단어 발음 연습

단 어	발 음	뜻	단 어	발 음	뜻
departing	[dipá:rtiŋ]	출발하는	carry-on	[kǽriən]	기내반입의
items	[áitəmz]	물건들	stowed	[stoud]	보관하다(p.p)
overhead bins	[óuvərhed binz]	(좌석 위) 짐 넣는 곳	prepare	[pripέər]	준비하다
departure	[dipá:rtʃər]	출발	fasten	[fǽsn]	매다
upright	[ʌpràit]	수직으로	position	[pəzíʃən]	위치, 자리
note	[nout]	주목하다	smoking	[smóukiŋ]	흡연
disturbing	[distə́:rbiŋ]	방해하는	strictly	[stríktli]	엄격히
prohibited	[prouhíbitid]	금지하다(p.p)	all	[ɔ:l]	모든
according	[əkɔ́:rdiŋ]	~에 따라	Aviation	[èiviéiʃən]	항공
Security	[sikjúərəti]	보안	Laws	[lɔ:z]	법

2 화재 예방(In-flight fire prevention)

안내 말씀 드리겠습니다. 선반 속에 넣어두신 휴대용 전자기기는 눌리거나 손상되지 않도록 주의하시기 바랍니다. 또한, 라이터, 전자담배, 보조배터리는 선반 속에 넣어 두실 수 없습니다. 라이터는 항상 몸에 소지해 주십시오. 전자담배와 보조배터리는 기내 전원을 이용한 충전이 불가하며, 좌석 앞 주머니에 넣으시거나 직접 지니고 있으셔야 합니다. 이와 같은 물품들이 좌석 틈새로 떨어졌을 경우에는 반드시 승무원에게 알려 주시기 바랍니다.

안내 말씀 드리겠습니다. 선반 속에 넣어두신 휴대용 전자기기는∨ 눌리거나
[안:내 말:씀] [전:자기기]

손상되지 않도록 주의하시기 바랍니다. 또한,∨ 라이터,∨ 전자담배,∨ 보조배
[손:상] [주:이] [전:자담:배] [보:조]

터리는 선반 속에 넣어 두실 수 없습니다. 라이터는 항상 몸에 소지해 주십시오.

전자담배와 보조배터리는 기내 전원을 이용한 충전이 불가하며,∨ 좌석 앞 주머
[전:자담:배] [보:조] [저:눤] [이:용] [좌:석]

니에 넣으시거나∨ 직접 지니고 있으셔야 합니다. 이와 같은 물품들이 좌석 틈새
[좌:석]

로 떨어졌을 경우에는∨ 반드시 승무원에게 알려 주시기 바랍니다.

발음 시 유의사항

- 주의할 발음
  - ▶ 안:내, 말:씀, 전:자기기, 손:상, 주:의, 전:자담:배, 보:조, 전:원, 이:용, 좌:석 : 장음에 유의
  - ▶ 손상되지(손상대지 X), 전원(전언 X), 승무원(승무언 X): 복모음 발음에 유의
- 끊어 읽기
  - ▶ 또한, 라이터, 전자담배, 보조배터리는 ~: 여러 개를 나열하는 경우 한 단어씩 끊어 읽기

Ladies and gentlemen,

Please ensure that any electronic devices in the overhead bins are not compressed. Lighters, e-cigarettes, and spare lithium batteries must not be stored in the overhead bins. We ask that you always keep your lighter with you. E-cigarettes and spare lithium batteries cannot be charged using the in-flight power supply and should be placed in your seat pocket or kept with you. If any of these items fall into the gaps between the seats, please notify a cabin crew member for assistance.

Ladies⌒and gentlemen,/

Please ensure /that any electronic devices in the overhead bins/ are not

ensure [inʃúər] 2음절 강세 / electronic [ilektrάnik] 1,3음절 강세 / devices [diváisis] 2음절 강세, 복수 명사

compressed. Lighters,/ e-cigarettes,/ and⌒spare lithium batteries

compressed [kəmprést] 2음절 강세, [ə] 유의 / Lighters [láitərz] / e-cigarettes [i:-sìgəréts] [si] 씨(×), [ə]유의 / spare [spɛər] [p] 경음화 / lithium [líθiəm] [θiə] 이중모음 / batteries [bǽtəriz]

must⌒not be stored⌒in the overhead bins. We ask /that⌒you always

must⌒not: 머스트 낫(×), 머스 낫(○) / stored [stɔ:rd] [t] 경음화, [d] 생략X / that⌒you: 댄유(×)

keep⌒your lighter with⌒you. E-cigarettes⌒and spare lithium batteries/

keep⌒your [ki:pjər] 킵유얼(×), 키퓨얼(○)

cannot be charged using the in-flight power supply/ and should⌒be

charged [ʧa:rdʒd] 1음절 장음 / using [ju:ziŋ] 1음절 장음 / supply [səplái] 2음절 강세, [ə] 유의

placed⌒in your seat pocket/ or kept with⌒you. If any of these⌒items fall
[pleist] [pάkit] [ði:záitəmz] [fɔ:l]
[t] 생략X 포켓(×) 장음 [ə]유의 [ɔ]유의

into the gaps between the seats,/ please notify a cabin crew member
[gæps] [bitwí:n] [nóutəfài]
[s] 생략X 2음절 강세 [nou] 이중모음 1음절 강세

for⌒assistance.
[əsístəns]
[ə]유의, 2음절 강세
[t] 경음화

억양

Ladies and gentlemen,
Please ensure /that any electronic devices in the overhead bins/ are not compressed. Lighters,/ e-cigarettes,/ and spare lithium batteries must not be stored in the overhead bins. We ask /that you always keep your lighter with you. E-cigarettes and spare lithium batteries/ cannot be charged using the in-flight power supply/ and should be placed in your seat pocket/ or kept with you. If any of these items fall into the gaps between the seats,/ please notify a cabin crew member for assistance.

화재 예방(In-flight fire prevention) 단어 발음 연습

단 어	발 음	뜻	단 어	발 음	뜻
ensure	[inʃúər]	반드시 …하게 하다, 보장하다	electronic	[ilektránik]	전자의
devices	[diváisis]	기기들	compressed	[kəmprést]	압축하다(p.p)
e-cigarettes	[i:-sìgəréts]	전자담배	spare	[spεər]	여분의
lithium	[líθiəm]	리튬	batteries	[bǽtəriz]	배터리
stored	[stɔ:rd]	보관하다(p.p)	charged	[ʧa:rdʒd]	충전하다(p.p)
supply	[səplái]	공급	placed	[pleist]	두다, 놓다(p.p)
pocket	[pákit]	주머니	fall	[fɔ:l]	떨어지다
gaps	[gæps]	틈, 사이	between	[bitwí:n]	~사이로
notify	[nóutəfài]	알리다	assistance	[əsístəns]	도움

3 탑승 환영(Welcome)

손님 여러분, 안녕하십니까.[인사] 저희 ○○항공은 여러분의 탑승을 진심으로 환영합니다. 이 비행기는 (____를 거쳐)(도시명)까지 가는 ○○항공 ____편입니다.

[공동운항]
(~이며) (항공사명)과 공동 운항하고 있습니다.

[30분 이상 지연 출발 시]
________ 관계로 출발이 예정보다 늦어진 점 널리 양해해주시기 바랍니다.

목적지(/중간도착지)인 (도시명)까지 예정된 비행시간은 이륙 후 ___시간 ___분입니다. 오늘 (성명)기장을 비롯한 저희 승무원들은 여러분을 정성껏 모시겠습니다.

[승객군집방지안내- 괌, 미주행 항공편]
(또한) 비행기 운항 중에는 보안 관계상 여러 승객들이 한 곳에 모여 있지 않도록 되어 있으니 협조해 주시기 바랍니다.

비행 중 여러분의 안전을 담당하는 안전요원인 승무원의 지시에 협조해 주시기 바라며, 승무원의 업무를 방해하는 행위는 항공보안법에 따라 금지돼 있음을 알려드립니다. 계속해서 기내 안전에 관해 안내해 드리겠습니다. 잠시 화면(/승무원)을 주목해 주시기 바랍니다.

손님 여러분, 안녕하십니까.[인사] 저희 ○○ 항공은 여러분의 탑승을 진심으로
[저히] [항:공]

환영합니다. 이 비행기는 (___를 거쳐)(도시명)까지 가는 ○○항공 ___편입
[항:공]

니다.

[공동운항]

(~이며) (항공사명)과 공동 운항하고 있습니다.
[공:동] [운:항]

[30분 이상 지연 출발 시]

_____ 관계로 출발이 예정보다 늦어진 점 널리 양해해 주시기 바랍니다.
[관계/관게] [예:정]

목적지(/중간도착지)인 (도시명)까지 예정된 비행시간은∨ 이륙 후 ___시간
[예:정] [이:륙 쿠]

___분입니다. 오늘 (성명)기장을 비롯한 저희 승무원들은 여러분을 정성껏 모
[저히]

시겠습니다.

[승객군집방지안내- 괌, 미주행 항공편]

(또한) 비행기 운항 중에는∨ 보안 관계상 여러 승객들이 한 곳에 모여 있지
[운:항] [보:안] [관계/관게]

않도록 되어 있으니 협조해 주시기 바랍니다.
[협쪼]

비행 중 여러분의 안전을 담당하는 안전요원인∨ 승무원의 지시에 협조해 주시기 바라며, 승무원의 업무를 방해하는 행위는∨ 항공보안법에 따라 금지돼 있음을 알려드립니다.
[항:공보:안뻡] [금:지]

계속해서 기내 안전에 관해 안내해 드리겠습니다. 잠시 화면(/승무원)을 주목해 주시기 바랍니다.
[계:소캐서] [안:내] [잠:시] [화:면] [주:목]

발음 시 유의사항

- 환영하는 마음을 담아 밝고 친절한 느낌이 묻어날 수 있도록 방송한다.
- 목적지와 편명, 비행시간은 천천히 강조해서 읽어 승객이 알아듣기 쉽도록 한다.
- '안녕하십니까'에서 마지막 음절 '까'를 지나치게 올리는 억양은 피해야 한다.
- (　)의 편명, 도시명, 공항명 등은 더듬거리는 느낌이 없도록 자연스럽게 연결해서 읽는다.
- 잠:시 (화:면/승무원)을 주:목해 주시기 바랍니다. : 키워드인 [화:면/승무원]과 [주:목]을 강조하여 말하듯이 한 번에 읽는다.

- 주의할 발음
  - ▶ 예:정된 : 장음과 이중모음에 주의
  - ▶ 비행시간 : 'ㅎ' 발음에 주의
  - ▶ 승무원 : [승먼], [승무언], 혹은 [숭무원]으로 읽지 않도록 주의
  - ▶ 관계, 관해, 화면 : 이중모음에 주의

Good morning (/afternoon/evening), ladies and gentlemen.

Captain (Family Name) and the entire crew are pleased to welcome aboard (항공사명).

This is flight ___, bound for ___ (via ___).

[공동운항]

code-sharing with (항공사명).

[30분 이상 지연 출발 시]

We ask you for your understanding as our flight has been delayed due to ___________.

Our flight time to (목적지/중간기착지) today will be ___ hour(s) and ___ minute(s).

During the flight, our cabin crew will be happy to assist you in any way we can.

[승객군집방지안내- 괌, 미주행 항공편]

As part of security procedures, we request you not to congregate in the cabin.

Aviation Security Laws prohibit disturbing crew members, so please cooperate with cabin crew who act as safety officers throughout the flight.

And for your safety, please direct your attention for a few minutes to the video screens (/cabin crew) for safety information.

Good morning (/afternoon/evening), ladies⁀and gentlemen./
[mɔ́:rniŋ] [dʒéntlmən]
r발음 유의해서 'more+ning'처럼 발음
[ə] 발음 유의, '믄'과 '먼'의 중간 발음

Captain (Family Name) and⁀the entire crew/ are pleased⁀to welcome⁀
[kǽptən] [intáiər] [kru:] [pli:zd] [wélkəm]
기장의 성에 강세를 주어 발음
2음절 강세
[i:]장음
[k]발음 경음화

aboard (항공사명).
[əbɔ́:rd]

This is flight ____, bound⁀for ____ (via ____)./
편수는 또박또박 천천히 발음
자연스럽게 연음 [d]에 '으' 모음 삽입금지, 바운드(×)

[공동운항]

code-sharing with (항공사명).
[koud] [ʃέəriŋ] [wíð/wíθ]
쉐얼링(×) r발음 유의
[ð]나 [θ] 둘 다 무방

[30분 이상 지연 출발 시]

We ask⁀you for your understanding/ as⁀our flight has been delayed
[k]발음 경음화 [ʌndərstǽndiŋ] [diléid]

due to ____________.
[dju:]
장음

Our flight⌒time to (목적지/중간기착지) today/ will be ___ hour(s) and ___ minute(s).

flight time [tədéi] [mínit(s)]

명사+명사: 앞의 명사에 강세 / 목적지에 강세를 두어 발음 / 시간/분에 강세를 두어 발음

During the flight,/ our cabin crew will be happy to assist⌒you in any way we can.

[djúəriŋ] [əsíst]

r발음 유의, 듀얼링(×) / [p] 경음화 자연스럽게 연음 [t]발음 경음화 / any에 강세

> **[승객군집방지안내- 괌, 미주행 항공편]**
>
> As part⌒of security procedures, / we request⌒you not to congregate in the cabin.
>
> [pá:rəv] [sikjúərəti] [prəsí:dʒərz] [rikwést] [káŋgrigèit]
>
> 자연스럽게 연음 / 2음절 강세 / 2음절 강세 앞의 명사 security에 강세 / que: 퀘(×) ㅋ웨(○) / 1음절 강세 [-ri-] 리(×), 뤼(○)

Aviation Security Laws prohibit disturbing crew members,/ so please cooperate with cabin crew who act⌒as⌒safety officers throughout the flight.

[èiviéiʃən] [sikjúərəti] [lɔ:z] [prouhíbit] [distə́:rbiŋ]

[ei],[v] 유의 강세유의 / 2음절 강세 [r]발음 유의 / low(×) [z]생략× / 2음절 강세 / 2음절 강세 [t] 경음화

[kouápərèit] [æktæ] [ɔ́:fisərz] [θru:áut]

[a]에 강세 [p] 경음화 / 자연스럽게 연음 [z]생략 / [ɔ́:] 장음 [z]생략× / 2음절 강세

And⌒for your safety, / please direct⌒your⌒attention for⌒a few minutes to the video screens (/cabin crew) for safety information.

[dirékt,dai-] [əténʃən] [mínits]

2음절 강세 t+your 자연스럽게 연음 / 2음절 강세 / 연음 / few에 강세

[vídiòu] [skri:nz] [ìnfərméiʃən]

모음 사이의 d발음 약화 / [k]경음화 [z]생략× / 1·3음절 강세 명사+명사: 앞의 명사인 safety에 강세

억양

Good morning (/afternoon/evening), ladies and gentlemen.

Captain (Family Name) and the entire crew are pleased to welcome aboard (항공사명).

This is flight ____, bound for ____ (via ____).

[공동운항]

code-sharing with (항공사명).

[30분 이상 지연 출발 시]

We ask you for your understanding as our flight has been delayed due to ________.

Our flight time to (목적지/중간기착지) today will be ___ hour(s) and ___ minute(s).

During the flight, our cabin crew will be happy to assist you in any way we can.

[승객군집방지안내- 괌, 미주행 항공편]

As part of security procedures, we request you not to congregate in the cabin.

Aviation Security Laws prohibit disturbing crew members, so please cooperate with cabin crew who act as safety officers throughout the flight.

And for your safety, please direct your attention for a few minutes to the video screens (/cabin crew) for safety information.

탑승 환영(Welcome) 단어 발음 연습

단 어	발 음	뜻	단 어	발 음	뜻
morning	[mɔ́ːrniŋ]	아침	Captain	[kǽptən]	기장
entire	[intáiər]	전체의	crew	[kruː]	승무원
pleased	[pliːzd]	즐거운	welcome	[wélkəm]	환영하다
aboard	[əbɔ́ːrd]	타고, 기내에	flight	[flait]	비행
bound for	[baund fər]	~로 가는 ~행의	code- sharing	[koud-ʃέəriŋ]	공동운항 하는
airlines	[έərlàinz]	항공사	understanding	[ʌndərstǽndiŋ]	양해, 이해
delayed	[diléid]	지연되다	due to	[djuːtu]	~때문에
today	[tədéi]	오늘	minute	[minit]	분
during	[djúəriŋ]	~동안	assist	[əsíst]	도와주다
security	[sikjúərəti]	보안	procedures	[prəsíːdʒərz]	절차
request	[rikwést]	요청하다	congregate	[káŋgrigèit]	군집하다
Aviation	[èiviéiʃən]	항공	Laws	[lɔːz]	법
prohibit	[prouhíbit]	금지하다	disturbing	[distə́ːrbiŋ]	방해하기
cooperate	[kouápərèit]	협조하다	act	[ækt]	역할을 하다
safety officers	[séifti ɔ́ːfisərz]	안전점검관	direct	[dirékt,dai-]	(눈, 주의)를 …로 돌리다
attention	[əténʃən]	주목	video screens	[vídiou skriːnz]	비디오 화면
a few	[əfjúː]	약간의, 조금	safety information	[séifti ìnfərméiʃən]	안전 정보

4 승객 안전 브리핑(Safety demonstration)

계속해서 (지금부터) 이 비행기의 비상구 위치와 비상장비 사용법에 대해 안내해 드리겠습니다. 잠시 주목해 주시기 바랍니다.

이 비행기의 비상구는 모두 __개로 좌, 우에 각각 있습니다.

좌석벨트 사인이 켜지면 좌석벨트를 매 주십시오.

벨트는 버클을 끼워 허리아래로 내려서 조여 주시고 풀 때는 덮개를 들어올리면 됩니다.

산소 마스크는 선반 속에 있으며 산소 공급이 필요한 비상시에 저절로 내려옵니다.

마스크가 내려오면 앞으로 잡아당겨 코와 입에 대시고 끈으로 머리에 고정하여 주십시오.

도움이 필요한 동반자가 있을 때는 먼저 착용하신 후 도와 주시기 바랍니다.

여러분의 좌석 (또는 팔걸이) 아래에 있는 구명복은 비행기가 바다에 내렸을 경우 사용하시게 됩니다.

착용할 때는 머리 위에서부터 입으시고, 양팔을 끼운 다음 끈을 아래로 당기십시오.

노란색 손잡이를 양옆으로 잡아당겨 몸에 맞도록 조절해 주십시오.

구명복은 기내에서 부풀지 않도록 유의해 주시고 부풀릴 때는 탈출직전 비상구 앞에서 붉은 색 손잡이를 당기시면 됩니다.

충분히 부풀지 않을 때는 양쪽의 고무관을 힘껏 불어 주십시오.

보다 자세한 사항은 앞 좌석 주머니에 있는 안내문을 참고하시기 바랍니다.

아울러 안내문에 설명된 바와 같이 항공기내에서의 흡연은 엄격히 금지되어 있음을 알려드립니다. 고맙습니다.

계속해서 (지금부터) 이 비행기의 비상구 위치와∨ 비상장비 사용법에 대해
[계:소캐서] [사:용뻡]

안내해 드리겠습니다. 잠시 주목해 주시기 바랍니다.
[안:내] [잠:시] [주:목]

이 비행기의 비상구는 모두 ___개로 좌, 우에 각각 있습니다.
[비:상구]

좌석벨트 사인이 켜지면 좌석벨트를 매 주십시오.
[좌:석] [좌:석] [매:]

벨트는 버클을 끼워 허리아래로 내려서 조여 주시고∨ 풀 때는 덮개를 들어올
[덥:깨]

리면 됩니다.

산소 마스크는 선반 속에 있으며∨ 산소 공급이 필요한 비상시에 저절로 내려옵니다.

마스크가 내려오면 앞으로 잡아당겨 코와 입에 대시고∨ 끈으로 머리에 고정하여 주십시오.

도움이 필요한 동반자가 있을 때는∨ 먼저 착용하신 후 도와 주시기 바랍니다.

여러분의 좌석 (또는 팔걸이) 아래에 있는 구명복은∨ 비행기가 바다에 내렸을
[좌:석]

경우 사용하시게 됩니다.

착용할 때는 머리 위에서부터 입으시고, 양팔을 끼운 다음∨ 끈을 아래로 당기십시오.

노란색 손잡이를 양옆으로 잡아당겨 몸에 맞도록 조절해 주십시오.
[양:녑] [맏또록]

구명복은 기내에서 부풀지 않도록 유의해 주시고∨ 부풀릴 때는 탈출직전 비
[직:쩐]

상구 앞에서 붉은 색 손잡이를 당기시면 됩니다.

충분히 부풀지 않을 때는 양쪽의 고무관을 힘껏 불어 주십시오.
[양:쪽] [힘껃]

보다 자세한 사항은 앞 좌석 주머니에 있는 안내문을 참고하시기 바랍니다.
[사:항] [좌:석] [안:내문] [참:고]

아울러 안내문에 설명된 바와 같이∨ 항공기내에서의 흡연은 엄격히 금지되어
[안:내문] [흐변] [엄껴키] [금:지]

있음을 알려드립니다. 고맙습니다.
[고:맙씀니다]

발음 시 유의사항

- 주의할 발음
  - ▶ 좌:석 : 장음이며 이중모음인 발음에 유의하고, [자석]으로 발음하지 않도록 주의
  - ▶ 고무관 : '관'의 이중모음 발음에 주의
  - ▶ '고정하여'는 [고정해]로, '금지되어'는 [금지돼]로 읽음

출처 : www.alamy.com

출처 : www.cabincrew.com

Ladies and gentlemen,/

We will now show you the safety features of this aircraft./

Please direct your attention for a few minutes to the cabin crew for safety information./

There are _____ emergency exits on both sides of the aircraft./

When the seat belt sign is on,/ please fasten your seat belt./

To fasten the seat belt,/ insert the link into the main buckle/ and tighten the strap across your hips securely./ To release the seat belt,/ raise the flap of the buckle./

Your oxygen mask is in the overhead compartment/ and it will drop automatically when needed./

When the mask appears,/ pull the mask toward you,/ and cover your nose and mouth,/ then adjust the elastic head band./

Please put your mask on first,/ and then help somebody who may need your assistance./

Your life vest is located under your seat (or beside your seat)./

To put the vest on,/ slip it over your head,/ then adjust the straps around your waist./

To inflate the vest/ pull the red tabs down in front of an exit door/ just before leaving the aircraft.

You can also inflate it/ by blowing into the tubes./

For further information,/ please refer to the safety information card in your seat pocket./

Also,/ we'd like to remind you/ that smoking is strictly prohibited during the flight./

Ladies‿and gentlemen,/

We will now show you the safety features‿of this‿aircraft./

[fíːʧərz] [εərkræft]

명사+명사 : 앞의 명사 safety에 강세 [fiː]장음

에어크랩트(×) r/f 발음 유의

Please direct‿your‿attention for‿a few minutes to the cabin crew for safety

[dirékt, dai-] 자연스럽게 연음

[əténʃən] 2음절 강세

information./

[ìnfərméiʃən] 3음절 강세

There‿are ____ emergency exits on both‿sides‿of the aircraft./

[imə́ːrdʒənsi] [égzits, éksits]

숫자에 강세 2음절 강세 [θ]+[s] : 유사한 발음이 연속될 경우 앞 자음 탈락

When the seat belt sign‿is‿on,/ please fasten your seat belt./

To fasten the seat belt,/ insert‿the link into the main buckle/ and tighten

[insə́ːrt] [bʌkl] [táitn]

[t]+[ð] : 유사한 발음이 연속될 경우 앞 자음 탈락 dark [l] 발음 유의

the strap across‿your hips‿securely./ To release the seat belt,/ raise the

[əkrɔ́ːs, əkrɑ́s] [sikjúərli] [rilíːs]

[s]+[s] : 같은 발음이 연속될 경우 한번만 발음 release/raise : 어두 r발음 유의

flap‿of the buckle./

Your oxygen mask‿is in the overhead compartment/ and it will drop

[ɑ́ksidʒen] 옥시젼(×)

[kəmpɑ́ːrtmənt] 2음절 강세, [r/t] 발음 유의

automatically when needed./

[ɔ̀ːtəmǽtikəli] 3음절 강세

When the mask‿appears,/ pull the mask toward‿you,/ and cover your

[əpíərz] 2음절 강세 풀(×), [ʊ]/dark [l] 발음 유의 [v] 발음 유의

nose⌒and mouth,/ then adjust⌒the elastic head band./
[ədʒʌst] [ilǽstik]
[t]+[ð] : 유사한 발음이 연속될 경우 앞 자음 탈락

Please put⌒your mask⌒on first,/ and⌒then help somebody who may
헬프(×), [p]에 '으' 모음 삽입금지

need⌒your assistance./
[əsístəns]
[s]다음의 [t]는 된소리로 발음

Your life⌒vest⌒is located under your seat (or beside your seat)./
[lóukeitid]
[l]발음 유의, 1음절 강세

To put the vest⌒on,/ slip⌒it over your head,/ then adjust⌒the straps
[ədʒʌst]
2음절 강세 [s]다음의 [t]는 된소리로 발음

around⌒your waist./

To inflate⌒the vest/ pull the red⌒tabs down in front⌒of⌒an exit door/ just
[infléit]
2음절 강세

before leaving the aircraft.
[ɛərkræft]
에어크랩트(×), r/f발음 유의

You can also inflate⌒it/ by blowing into the tubes./

For further information,/ please refer to the safety information card in your
[fə́ːrðər] [ìnfərméiʃən] [rifə́ːr]
f/ð발음 유의 3음절 강세 r/f발음 유의, 리퍼(×)

seat pocket./
[pάkit]
포켓(×)

Also,/ we'd like to remind you/ that smoking is strictly prohibited during

[rimáind] r발음 유의, 2음절 강세 / [smóukiŋ] [ou]이중모음 / [stríktli] [t]된소리 / [prouhíbitid] 2음절 강세

the flight./

억양

Ladies and gentlemen,/
We will now show you the safety features of this aircraft./
Please direct your attention for a few minutes to the cabin crew for safety information./
There are ___ emergency exits on both sides of the aircraft./
When the seat belt sign is on, / please fasten your seat belt./
To fasten the seat belt,/ insert the link into the main buckle/ and tighten the strap across your hips securely./ To release the seat belt,/ raise the flap of the buckle./
Your oxygen mask is in the overhead compartment/ and it will drop automatically when needed./
When the mask appears,/ pull the mask toward you,/ and cover your nose and mouth,/ then adjust the elastic head band./
Please put your mask on first,/ and then help somebody who may need your assistance./
Your life vest is located under your seat (or beside your seat)./
To put the vest on,/ slip it over your head,/ then adjust the straps around your waist./

To inflate the vest/ pull the red tabs down in front of an exit door / just before leaving the aircraft.

You can also inflate it/ by blowing into the tubes./

For further information,/ please refer to the safety information card in your seat pocket./

Also,/ we'd like to remind you/ that smoking is strictly prohibited during the flight./

승객 안전 브리핑(Safety Demonstration) 단어 발음 연습

단 어	발 음	뜻	단 어	발 음	뜻
features	[fíːʧərz]	특징	aircraft	[ɛərkræft]	항공기
attention	[əténʃən]	주목	emergency exits	[imə́ːrdʒənsi égzits, éksits]	비상구
insert	[insə́ːrt]	삽입하다	buckle	[bʌkl]	버클, 잠금쇠
tighten	[táitn]	단단히 죄다	strap	[stræp]	끈
securely	[sikjúərli]	안전하게	release	[rilíːs]	풀다
oxygen mask	[ɑ́ksidʒen mæsk]	산소마스크	compartment	[kəmpɑ́ːrtmənt]	칸, 격실
automatically	[ɔ́ːtəmǽtikəli]	자동적으로	appears	[əpíərz]	나타나다
pull	[pul]	당기다	mouth	[mauθ]	입
adjust	[ədʒʌst]	맞추다	elastic	[ilǽstik]	고무줄의
assistance	[əsístəns]	도움	lifevest	[laifvest]	구명조끼
located	[lóukeitid]	위치하다	inflate	[infléit]	부풀리다
further	[fə́ːrðər]	좀 더	refer	[rifə́ːr]	참조하다
strictly	[stríktli]	엄격히	prohibited	[prouhíbitid]	금지하다

5 이륙(Take-off)

손님 여러분, (기다려 주셔서 감사합니다.)

우리 비행기는 곧 이륙하겠습니다. 여러분의 안전을 위해, 좌석벨트를 매셨는지 다시 한 번 확인해 주시기 바랍니다.

손님 여러분, (기다려 주셔서 감사합니다.)
[감:사]

우리 비행기는 곧 이륙하겠습니다. 여러분의 안전을 위해, 좌석벨트를 매셨는지∨
[이:륙] [좌:석] [매:]

다시 한번 확인해 주시기 바랍니다.
[화긴해]

발음 시 유의사항

- 끊어 읽기 : '여러분의 ~ 매셨는지'까지 읽고 가볍게 반템포를 준 후 연결하여 읽는다.
- 주의할 발음
  - ▶ 확인 : 이중모음 발음에 주의
  - ▶ 비행기 : 정확한 'ㅎ' 발음에 주의하며, [비앵기]로 발음되지 않도록 유의

Thank you for waiting, ladies and gentlemen,

We will be taking off shortly. For your safety, please check that your seatbelt is securely fastened.

Thank⌒you for waiting, ladies⌒and gentlemen,/

We will be taking off shortly./ For your safety,/ please check that your

[séifti]

[ei]이중모음

seatbelt⌒is securely fastened./

[sikjúərli] [fǽsnd]

2음절 강세 [æ]입을 크게 벌려서 장음처럼 발음

억양

Thank you for waiting, ladies and gentlemen,/

We will be taking off shortly./ For your safety,/ please check that your

seatbelt is securely fastened./

출처 : www.cabincrew24.com

2 비행 중 방송

순 서	NCS 능력단위 요소	기내방송	세부 시점	항공기 위치
1	정상 상황 방송하기 [1203010512_16v1.2]	좌석벨트 상시 착용 (Seatbelt sign off)	이륙 후 Fasten Seatbelt sign off 직후	상공
2		셀프-서비스 스낵 코너 (Self-service snack corner)	식사 서비스 후	상공
3		기내 면세품 판매 (In-flight sales)	식사 후 기내판매 시작 전	상공
4		기류 변화 (Turbulence)	비행 중 상시	상공

방송 시점별 비행기 위치

1 좌석벨트 상시 착용(Seatbelt sign off)

손님 여러분, 방금 좌석벨트 표시등이 꺼졌습니다.
그러나 비행기가 갑자기 흔들리는 경우에 대비해 자리에서는 항상 좌석벨트를 매시기 바랍니다. 그리고 선반을 여실 때는 안에 있는 물건이 떨어지지 않도록 조심해 주십시오.
좌석벨트 표시등이 켜진 경우, 안전을 위해 서비스가 제한될 수 있음을 알려드립니다.
비행 중 도움이 필요하시면 언제든지 저희 승무원에게 말씀해주시기 바랍니다.
고맙습니다.

손님 여러분, 방금 좌석벨트 표시등이 꺼졌습니다.
[좌:석]

그러나 비행기가 갑자기 흔들리는 경우에 대비해∨ 자리에서는 항상 좌석벨트
[좌:석]

를 매시기 바랍니다.
[매:]

그리고 선반을 여실 때는∨ 안에 있는 물건이 떨어지지 않도록 조심해 주십시오.
[떠러지지] [조:심]

좌석벨트 표시등이 켜진 경우,∨ 안전을 위해 서비스가 제한될 수 있음을 알려
[좌:석] [제:한]

드립니다.
비행 중 도움이 필요하시면 언제든지 저희 승무원에게 말씀해주시기 바랍니다.
[말:씀]

고맙습니다.
[고:맙씀니다]

발음 시 유의사항

- 끊어 읽기
  - ▶ '그리고 선반을 여실 때는'까지 읽고 다음에 한번 쉬고 연결하여 읽는다.
  - ▶ '좌석벨트 표시등이 켜진 경우,'까지 읽고 다음에 한번 쉬고 연결하여 읽는다.
- 주의할 발음
  - ▶ 좌석벨트 : [좌석베트]가 되지 않도록 'ㄹ'받침 발음에 유의
  - ▶ 비행기, 위해, 제한 : 정확한 'ㅎ' 발음에 주의

출처 : www.wisegeek.org

Ladies and gentlemen, the captain has turned off the seatbelt sign.

But we recommend that you keep your seatbelt fastened at all times.

Please be careful when opening the overhead bins as the contents may fall out.

When the seatbelt sign is on, service may be stopped for safety reasons.

If you need any assistance during the flight, please let our cabin crew know.

Thank you.

Ladies⌒and gentlemen,/ the captain has turned⌒off the seatbelt sign./

[léidiz] [dʒéntlmən] [təːrndɔːf] [siːtbelt]

동사+부사: 부사 off에 강세 명사+명사: seatbelt에 강세

But we recommend/ that⌒you keep⌒your seatbelt fastened at⌒all times./

[rèkəménd] [kiːpjuər] [fǽsnd] [ærɔːl]

레코멘드(×), [k]발음 경음화 자연스럽게 연음 [t]약화시켜서 연음

Please be careful when opening the overhead bins/ as the contents may

[kέərfəl] [óupəniŋ] [óuvərhed] [kάntents]

f/l 발음 유의 [ou] 이중모음 [p] 경음화 [ou] 이중모음 [v] 발음 유의 1음절 강세

fall⌒out.

[fɔːl]

[ɔ], [l] 발음 유의

When the seatbelt sign⌒is⌒on,/ service may be stopped for safety reasons.

[səːrvis] [stapt] [riːznz]

자연스럽게 연음 써비스(×) 끝자음 [t]발음 [t] 경음화

[r] 발음 유의 끝자음 [z] 발음

If you need any assistance during the flight,/ please let our cabin crew

[əsístəns]
2음절 강세
[t] 경음화

know.

Thank you.

억양

Ladies and gentlemen, the captain has turned off the seatbelt sign.
But we recommend that you keep your seatbelt fastened at all times.
Please be careful when opening the overhead bins as the contents may fall out.
When the seatbelt sign is on, service may be stopped for safety reasons.
If you need any assistance during the flight, please let our cabin crew know.
Thank you.

좌석벨트 상시 착용(Seatbelt sign off) 단어 발음 연습

단 어	발 음	뜻	단 어	발 음	뜻
turned off	[təːrndɔːf]	끄다	recommend	[rèkəménd]	권하다
fastened	[fǽsnd]	매다	at all times	[ærɔːl taimz]	항상
careful	[kέərfəl]	주의 깊은	opening	[óupəniŋ]	열다
overhead bins	[óuvərhed binz]	머리 위 짐칸	contents	[kάntents]	내용물
fall out	[fɔːl aut]	밖으로 떨어지다	service	[səːrvis]	서비스
stopped	[stapt]	멈추다	reasons	[ríːznz]	이유
assistance	[əsístəns]	도움	cabin crew	[kǽbin kruː]	승무원

2 셀프 서비스 스낵 코너(Self-service snack corner)

안내 말씀 드리겠습니다. 이 비행기의 (중간/뒤쪽)에는 승객 여러분이 자유롭게 이용하실 수 있는 스낵 코너가 마련되어 있습니다. 더 궁금하신 점은 승무원에게 문의해 주시기 바랍니다.

안내 말씀 드리겠습니다. 이 비행기의 (중간/뒤쪽)에는∨ 승객 여러분이 자유롭
[안:내 말:씀] [뒤:쪽]

게 이용하실 수 있는 스낵 코너가 마련되어 있습니다. 더 궁금하신 점은 승무원
[이:용]

에게 문의해 주시기 바랍니다.
[무:니]

발음 시 유의사항

- 주의할 발음
  - ▶ 안:내, 말:씀, 뒤:쪽, 이:용, 문:의 : 장음에 유의
  - ▶ 비행기 : 비앵기로 읽지 않도록 'ㅎ'발음 유의
  - ▶ 마련되어(마련대어 ×), 승무원(승무언 ×): 복모음 발음에 유의

We would like to inform you that a self-service snack corner is available in the (middle/rear) of the aircraft. Please feel free to help yourself. For more information, please contact a member of our cabin crew.

We would⌒like to⌒inform you/ that⌒a self-service snack corner is⌒available/

우드(×) — inform [infɔ́:rm] 2음절 강세, [f] 발음 유의 — self-service [sélf-sə́:rvis] — corner [kɔ́:rnər] 1음절 장음 — available [əvéiləbl] 2음절 강세, [ə] 유의

in the(middle/rear)⌒of⌒the⌒aircraft. Please feel free to help⌒yourself.

rear [riər] 레어(×) 뤼얼(○) — aircraft [érkræft] 레(×) 뤠(○) — yourself [juərsélf] 2음절 강세

For more information,/ please contact a member⌒of⌒our cabin crew.

information [ìnfərméiʃən] 1,3음절 강세 — contact [kɑ́ntækt] 1음절 강세

억양

We would like to inform you/ that a self-service snack corner is available/
in the (middle/rear) of the aircraft. Please feel free to help yourself.
For more information,/ please contact a member of our cabin crew.

셀프 서비스 스낵 코너(Self–service snack corner) 단어 발음 연습

단 어	발 음	뜻	단어	발 음	뜻
inform	[infɔ́:rm]	알리다	self–service	[sélf-sə́:rvis]	셀프서비스식의
available	[əvéiləbl]	이용 가능한	rear	[riər]	뒤쪽
aircraft	[érkræft]	항공기	yourself	[juərsélf]	자신, 여러분
information	[ìnfərméiʃən]	정보	contact	[kɑ́ntækt]	연락하다

3 기내 면세품 판매(In-flight sales)

손님 여러분, ○○항공에서는 우수한 품질의 다양한 면세품들을 판매하고 있습니다. 구매를 원하시는 분은 판매 카트가 지나갈 때에 말씀하시기 바랍니다. 기내면세품 주문서를 이용하시면 귀국 시 편리하게 면세품을 구매하실 수 있으며, 온라인을 통해서도 면세품을 구매하실 수 있습니다. 면세품 정보에 대한 자세한 내용은 좌석 앞 주머니 속의 기내면세품 안내지를 참고하시기 바랍니다.

손님 여러분, ∨○○항공에서는 우수한 품질의 다양한 면세품들을 판매하고
[항:공] [면:세품]

있습니다.

구매를 원하시는 분은∨ 판매 카트가 지나갈 때에 말씀하시기 바랍니다.
[말:씀]

기내면세품 주문서를 이용하시면∨ 귀국 시 편리하게 면세품을 구매하실 수
[면:세품] [주:문서] [펼리] [면:세품]

있으며, 온라인을 통해서도 면세품을 구매하실 수 있습니다. 면세품 정보에
[온나인] [면:세품] [면:세품]

대한 자세한 내용은∨ 좌석 앞 주머니 속의 기내면세품 안내지를 참고하시기
[좌:석] [면:세품][안:내지]

바랍니다.

발음 시 유의사항

- 끊어 읽기
  - ▶ '구매를 원하시는 분은'까지 읽고 다음에 한번 쉬고 연결하여 읽는다.
  - ▶ '기내면세품 주문서를 이용하시면'까지 읽고 다음에 한번 쉬고 연결하여 읽는다.
  - ▶ '면세품 정보에 대한 자세한 내용은'까지 읽고 다음에 한번 쉬고 연결하여 읽는다.
- 주의할 발음
  - ▶ 면:세품, 안:내, 주:문서, 좌:석, 말:씀 : 장모음에 유의

Ladies and gentlemen, we will begin our duty free sales.

You may purchase items now, or pre-order items for your return flight.

We would like to inform you that in-flight duty free items may also be purchased online. For further information, please refer to the duty free catalogue in your seat pocket.

Ladies⁀and gentlemen,/ we will begin⁀our duty free sales./
begin [bigín] 2음절 강세 / duty [djúːti] [júː] 장음 / free [friː] / sales [seilz] [ei] 이중모음, l/z발음 유의

You may purchase⁀items now,/ or pre-order items for your return flight./
purchase [pəːrʧəs] 펄체이스(×) / items [áitəmz] [ə]발음 유의 / order [ɔ́ːrdər] / return [ritə́ːrn] 2음절 강세, r발음 유의

We would⁀like⁀to inform you /that in-flight duty free items may also be
inform [infɔ́ːrm] 2음절 강세, 모음+r: 장음 / also [ɔ́ːlsou] 모음[ɔ]유의

purchased⁀online./
purchased [pə́ːrʧəst] 1음절 강세 체이스(×), 쳐st(○) / online [ɔ́nlain]

For further information,/ please refer to the duty free catalogue in⌒your

[fə́:rðər] [ìnfərméiʃən] [rifə́:r] [kǽtəlɔ̀:g]

[f], [ð] 유의 / 2음절 강세, r발음 유의 / 1음절 강세, 로그(×) [t]를 ㄹ로 발음

seat⌒pocket.

[pɑ́kit]

포켓(×), 파키t(○)

억양

> Ladies and gentlemen, we will begin our duty free sales.
> You may purchase items now, or pre-order items for your return flight.
> We would like to inform you that in-flight duty free items may also be purchased online. For further information, please refer to the duty free catalogue in your seat pocket.

기내 면세품 판매(In-flight sales) 단어 발음 연습

단 어	발 음	뜻	단 어	발 음	뜻
begin	[bigín]	시작하다	duty free	[djú:tifri:]	면세의
sales	[seilz]	판매	purchase	[pə́:rʧəs]	구매하다
items	[áitəmz]	물건들	pre-order	[[pri:ɔ́:rdər]	사전주문하다
return	[ritə́:rn]	돌아오다	inform	[infɔ́:rm]	알려주다
also	[ɔ́:lsou]	또한	purchased	[pə́:rʧəst]	구매하다 (과거/과거분사)
online	[ɔ́nlain]	온라인으로	further	[fə́:rðər]	더
information	[ìnfərméiʃən]	정보	refer	[rifə́:r]	참고하다
catalogue	[kǽtəlɔ̀:g]	카탈로그	pocket	[pɑ́kit]	주머니

4 기류 변화(Turbulence : 1차)

손님 여러분,

A. 비행기가 흔들리고 있습니다.

B. 기류가 불안정합니다.

좌석벨트를 매주시기 바랍니다.

손님 여러분,

A. 비행기가 흔들리고 있습니다.

B. 기류가 불안정합니다.

좌석벨트를 매주시기 바랍니다.
[좌:석]　　[매:]

발음 시 유의사항

- 주의할 발음
  - ▶ 비행기 : [비앵기]로 발음하지 않도록 함.
  - ▶ 좌석 : 이중모음인 동시에 장음이므로 [자석]으로 발음하지 않도록 주의
    [좌:석]

Ladies and gentlemen,

please fasten your seatbelt due to turbulence.

Ladies⌒and gentlemen,/

please fasten your <u>seatbelt</u> due to <u>turbulence</u>./

[síːtbelt] [təːrbjuləns]

[iː] 장음 터뷰런스(×), r/l 발음 유의

억양

Ladies and gentlemen,/

please fasten your seatbelt due to turbulence./

5 기류 변화(Turbulence : 2차)

[좌석벨트 표시등이 켜진 채, 장시간 흔들릴 경우]

손님 여러분, 비행기가 계속해서 흔들리고 있습니다. 좌석벨트를 매셨는지 다시 한번 확인해 주시기 바랍니다.

[좌설벨트 표시등이 켜져 있으나 흔들리지 않는 경우 → 기장과 연락 후]	
흔들리지 않는 경우	안내 말씀 드리겠습니다. 우리 비행기는 기류가 불안정한 지역을 지나고 있습니다. 좌석벨트 표시등이 꺼질 때까지 자리에서 잠시만 기다려 주시기 바랍니다.
난기류 재진입 예상시	안내 말씀 드리겠습니다. 우리 비행기는 잠시 후에 다시 기류 변화가 심한 지역을 지나갈 예정입니다. 좌석벨트를 계속 매 주시기 바랍니다.

[좌석벨트 표시등이 켜진 채, 장시간 흔들릴 경우]

손님 여러분, 비행기가 계속해서 흔들리고 있습니다. 좌석벨트를 매셨는지

[게소캐서] [좌:석] [매:]

다시 한번 확인해 주시기 바랍니다.

[화긴해]

<table>
<tr><th colspan="2">[좌설벨트 표시등이 켜져 있으나 흔들리지 않는 경우 → 기장과 연락 후]</th></tr>
<tr><td>흔들리지 않는 경우</td><td>안내 말씀 드리겠습니다. 우리 비행기는 기류가 불안정한 지역을
[안:내] [말:씀] [드리게씀니다]
지나고 있습니다. 좌석벨트 표시등이 꺼질 때까지∨ 자리에서
[좌:석]
잠시만 기다려 주시기 바랍니다.
[잠:시]</td></tr>
<tr><td>난기류 재진입 예상시</td><td>안내 말씀 드리겠습니다. 우리 비행기는 잠시 후에 다시 기류
[안:내] [말:씀] [드리게씀니다.] [잠:시]
변화가 심한 지역을 지나갈 예정입니다. 좌석벨트를 계속 매 주
[예:정] [좌:석] [계:속] [매:]
시기 바랍니다.</td></tr>
</table>

발음 시 유의사항

- 끊어 읽기 : '좌석벨트 표시등이 꺼질 때까지' 읽은 후에 반템포 쉬고 연결하여 읽는다.
- 주의할 발음
  - ▶ 비행기 : [비앵기]로 발음하지 않도록 함.
  - ▶ 좌:석 : 이중모음인 동시에 장음이므로 [자석]으로 발음하지 않도록 주의
  - ▶ 변화 : 이중모음으로 [변하]가 되지 않도록 주의

[좌석벨트 표시등이 켜진 채, 장시간 흔들릴 경우]

Ladies and gentlemen,

we are continuously experiencing turbulence.

For your safety, please remain seated with your seatbelt fastened.

[좌설벨트 표시등이 켜져 있으나 흔들리지 않는 경우 → 기장과 연락 후]

흔들리지 않는 경우	Ladies and gentlemen, the captain has informed us that we are still in an area of turbulence. For your safety, please remain seated with your seatbelt fastened until the seatbelt sign has been turned off.
난기류 재진입 예상시	Ladies and gentlemen, we are still in an area of anticipated turbulence. For your safety, please remain seated and make sure that your seatbelt is securely fastened.

[좌석벨트 표시등이 켜진 채, 장시간 흔들릴 경우]

Ladies⌒and gentlemen,/

we are continuously experiencing turbulence./

- continuously [kəntínjuəsli] 2음절 강세
- experiencing [ikspíəriənsiŋ] 2음절 강세, [p] 경음화
- turbulence [tə́ːrbjuləns] 터뷰런스(×), r/l 발음 유의

For your safety,/ please remain seated with⌒your seatbelt fastened./

- safety [séifti] [ei] 이중모음
- remain [riméin] [ei] 이중모음, r발음 유의
- seated [síːtid] [iː] 장음
- fastened [fǽsnd] 어미d에 '으'모음 삽입금지

[좌설벨트 표시등이 켜져 있으나 흔들리지 않는 경우 → 기장과 연락 후]	
흔들리지 않는 경우	Ladies⌒and gentlemen,/ the captain has informed⌒us/ that [infɔ́ːrmdəs] 2음절 강세, 자연스럽게 연음 we are still in⌒an⌒area of turbulence./ For your safety, [stil] [ɛ́əriə] [t] 경음화 자연스럽게 연음 please remain seated with⌒your seatbelt fastened/ until [riméin] [síːtid] 자연스럽게 연음 the seatbelt sign has been turned⌒off./ [təːrndɔːf] 자연스럽게 연음
난기류 재진입 예상시	Ladies⌒and gentlemen,/ we are still in⌒an⌒area of anticipated turbulence./For your [æntísəpèitid] 2음절 강세 safety,/ please remain seated and make⌒sure that your seatbelt⌒is securely fastened./ [sikjúərli] 2음절 강세

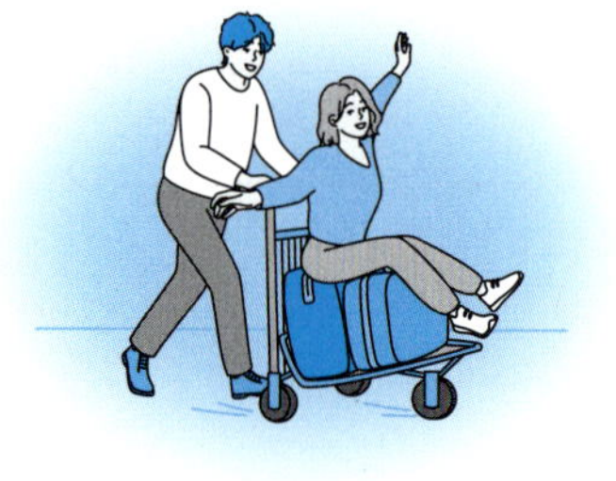

억양

[좌석벨트 표시등이 켜진 채, 장시간 흔들릴 경우]

Ladies and gentlemen,/
we are continuously experiencing turbulence./
For your safety, please remain seated with your seatbelt fastened./

[좌석벨트 표시등이 켜져 있으나 흔들리지 않는 경우 → 기장과 연락 후]

흔들리지 않는 경우	Ladies and gentlemen,/ the captain has informed us/ that we are still in an area of turbulence./ For your safety, please remain seated with your seatbelt fastened/ until the seatbelt sign has been turned off./
난기류 재진입 예상시	Ladies and gentlemen,/ we are still in an area of anticipated turbulence./ For your safety, please remain seated and make sure that your seatbelt is securely fastened./

기류 변화(Turbulence) 단어 발음 연습

단 어	발 음	뜻	단 어	발 음	뜻
turbulence	[tə́ːrbjuləns]	난기류	continuously	[kəntínjuəsli]	계속적으로
experiencing	[ikspíəriənsiŋ]	경험하는	safety	[séifti]	안전
remain	[riméin]	유지하다	informed	[infɔ́ːrmd]	알리다
area	[ɛ́əriə]	지역	anticipated	[æntísəpèitid]	예상된

★ 본 방송문은 기내방송 업무의 능력단위요소 중 '비정상 상황 방송하기'의 수행준거이나, 기류변화(Turbulence) 방송문이 비행 중 자주 방송되고 본 교재에서는 기내 시점별 상황을 고려하여 집필하였기에 상기 능력단위 범주에 포함하여 정리하였다.

3 착륙 전 방송

순 서	NCS 능력단위 요소	기내방송	세부 시점	항공기 위치
1	착륙 전 방송하기 [1203010505_13v1]	도착지 방역 규정 (Station Regulations: Spraying Insecticide)	착륙 약 40분 전	상공
2		공항 접근 (Approaching)	착륙 약 40분 전	상공
3		착륙 (Landing)	Landing Signal 직후	10,000ft → 지상으로 하강

방송 시점별 비행기 위치

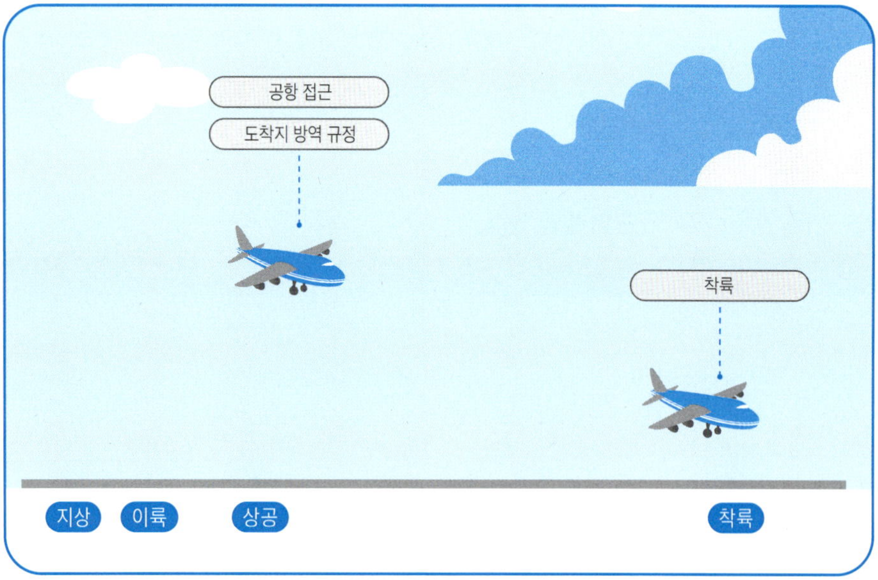

1 도착지 방역 규정(Station Regulations: Spraying Insecticide)

현지 방역 규정에 따라 모든 항공기에 대해 소독을 실시하고 있습니다. 지금부터 승무원이 소독 작업을 실시하겠습니다. 사용되는 소독제는 세계보건기구의 승인을 받은 안전한 약품이오니 안심하시기 바랍니다. 소독이 진행되는 동안 자리에 앉아 기다려 주십시오. 고맙습니다.

현지 방역 규정에 따라∨ 모든 항공기에 대해 소독을 실시하고 있습니다. 지금
[현:지] [모:든] [항:공기]

부터 승무원이 소독 작업을 실시하겠습니다. 사용되는 소독제는 세계보건기구
[사:용] [세:게보:건]

의 승인을 받은 안전한 약품이오니∨ 안심하시기 바랍니다. 소독이 진행되는

동안∨ 자리에 앉아 기다려 주십시오. 고맙습니다.
[고:맙씀니다]

발음 시 유의사항

- 주의할 발음
  - ▶ 현:지, 모:든, 항:공기, 사:용, 세:계보:건기구, 진:행, 고:맙습니다 : 장음에 유의
  - ▶ 사용되는(사용대는 ×), 진행되는(진행대는 ×) : 복모음 발음에 유의

In accordance with local quarantine regulations, it is mandatory to disinfect all aircraft. Our cabin crew will now be spraying the cabin. This mist is approved by the World Health Organization and is safe for use around people.

Thank you for your cooperation.

In⁀accordance with local quarantine regulations,/ it⁀is mandatory to

[əkɔ́:rdns] 2음절 강세 [ə] 유의

[lóukəl] [ou] 이중모음 [l] 유의

[kwɔ́:rəntì:n] ㅋ워: 3음절 장음

[règjuléiʃənz] 1,3음절 강세 [z] 생략(×)

[mǽndətɔ̀:ri] 1,3음절 강세

disinfect all aircraft. Our⁀cabin crew will now be spraying the cabin.

[dìsinfékt] 1,3음절 강세 [f] 유의

[érkræft]

[spreiŋ] [p] 경음화

This mist⁀is⁀approved by the World Health Organization/ and⁀is⁀safe

[əprú:vd] 2음절 강세 [ə] 유의, [d] 생략(×)

[wə:rld]

[helθ] [θ] 유의

[ɔ̀rgənizéiʃən] 1,3음절 강세

is: [z] 생략

for use around⁀people. Thank⁀you for⁀your cooperation.

[ju:s] 장음

[əráund] 2음절 강세 [ə] 유의

[pí:pl] [p] 경음화 [l] 유의

[kouɑ̀pəréiʃən] [p] 경음화

억양

In accordance with local quarantine regulations,/ it is mandatory to disinfect all aircraft. Our cabin crew will now be spraying the cabin.
This mist is approved by the World Health Organization/ and is safe for use around people.
Thank you for your cooperation.

도착지 방역 규정(Station Regulations: Spraying Insecticide) 단어 발음 연습

단어	발음	뜻	단어	발음	뜻
accordance	[əkɔ́:rdns]	일치, 부합	local	[lóukəl]	현지의
quarantine	[kwɔ́:rəntì:n]	검역, 격리	regulations	[règjuléiʃənz]	규정
mandatory	[mǽndətɔ̀:ri]	강제의, 의무적인	disinfect	[dìsinfékt]	소독하다
aircraft	[érkræft]	항공기	spray	[sprei]	뿌리다
mist	[mist]	(에어로졸 같은) 스프레이	approved	[əprú:vd]	승인하다(p.p)
world	[wə:rld]	세계	health	[helθ]	건강
organization	[ɔ̀rgənizéiʃən]	기구, 조직	around	[əráund]	~의 주변에
people	[pí:pl]	사람들	cooperation	[kouɑ̀pəréiʃən]	협조

2 공항 접근: 한국(Approaching : Korea)

안내 말씀 드리겠습니다. 곧 ______공항에 도착하겠습니다.

착륙준비를 위해 좌석 등받이와 (발받침대,) 테이블을 제자리로 해 주시고, 노트북 등 꺼내 놓은 짐은 앞 좌석 아래나 선반 속에 다시 보관해 주시기 바랍니다.

[기내판매 미완료 시]
기내판매를 종료하오니 구매하지 못하신 분께서는 양해해 주시기 바랍니다.

[CJJ, HIN, KPO, KUV, KWJ, PUS, TAE, WJU 도착 시]
이곳은 군사공항으로 사진촬영이 금지돼 있으니 협조해 주시기 바랍니다.

(또한) 해외 감염병의 국내 유입을 방지하기 위해 해외에서 가축농장을 방문하셨거나 해외에서 생산된 농·수·축산물을 가져오신 분은 검역기관에 신고해 주시기 바랍니다. 그리고 검역감염병 오염지역에 체류하거나 경유한 승객께서는 한국에 입국 시 반드시 건강상태 질문서를 작성해 검역관에게 제출하셔야 합니다.
검역감염병 오염지역은 좌석에 비치된 안내문을 참고하시기 바랍니다.
아울러, 발열, 기침 등의 이상 증상이 있으신 분은 승무원에게 말씀해 주시고, 도착 후 검역관에게 신고해 주십시오.
한국에 입국하신 이후 증상이 발견되는 경우에는 1339로 신고하시기 바랍니다.
고맙습니다.

안내 말씀 드리겠습니다. 곧 ______공항에 도착하겠습니다.
[안:내][말:씀] [도:착]

착륙준비를 위해 좌석 등받이와 (발받침대,)∨ 테이블을 제자리로 해 주시고,∨
[준:비] [좌:석]

노트북 등 꺼내 놓은 짐은∨ 앞 좌석 아래나 선반 속에 다시 보관해 주시기 바
[좌:석] [보:관]

랍니다.

[기내판매 미완료 시]

기내판매를 종료하오니 구매하지 못하신 분께서는 양해해 주시기 바랍니다.

[CJJ, HIN, KPO, KUV, KWJ, PUS, TAE, WJU 도착 시]

이곳은 군사공항으로 사진촬영이 금지돼 있으니 협조해 주시기 바랍니다.
[좌령] [금:지] [협쪼]

(또한) 해외 감염병의 국내 유입을 방지하기 위해∨ 해외에서 가축농장을 방문
[가:몀뼝] [방:문]

하셨거나∨ 해외에서 생산된 농·수·축산물을 가져오신 분은 검역기관에 신고
[거:멱기관]

해 주시기 바랍니다.

그리고 검역감염병 오염지역에 체류하거나 경유한 승객께서는∨ 한국에 입국 시
[거:멱가:몀뼝] [한:국]

반드시 건강상태 질문서를 작성해 검역관에게 제출하셔야 합니다. 검역감염병
[건:강] [거:멱관] [거:멱가:몀뼝]

오염지역은 좌석에 비치된 안내문을 참고하시기 바랍니다.
[좌:석] [안:내문]

아울러,∨ 발열,∨ 기침 등의 이상 증상이 있으신 분은 승무원에게 말씀해
[이:상] [말:씀]

주시고, ∨도착 후 검역관에게 신고해 주십시오.
[도:차 쿠] [거:멱관]

한국에 입국하신 이후 증상이 발견되는 경우에는∨ 1339로 신고하시기 바랍
[한:국]　　　　[이:후]

니다. 고맙습니다.
[고:맙씀니다]

발음 시 유의사항

- 주의할 발음
  - ▶ 검:역감:염병, 검:역관, 건:강, 한:국, 방:문, 이:상 : 장음에 유의
  - ▶ 검역기관 : 검역기간이 되지 않도록 복모음에 유의
- 끊어 읽기
  - ▶ 긴 문장이 많으므로 의미를 생각하며 V 표시가 된 부분에서 적절히 끊어 읽기

Ladies and gentlemen, we are approaching ________ airport.
Please return your seat and tray table to the upright position, and stow your carry-on items, including laptops and other larger electronic devices, in the overhead bins or under the seat in front of you.

> [기내판매 미완료 시]
> Also, we will now be ending our duty free sales to prepare for landing.

> [CJJ, HIN, KPO, KUV, KWJ, PUS, TAE, WJU 도착 시]
> Due to military restrictions, taking pictures of this airport is not permitted.

To prevent the spread of infectious diseases, if you work in the livestock industry, you must visit the quarantine center to undergo disinfection procedures.
If you have visited a livestock farm or if you are bringing agricultural, animal, or marine products into Korea, please inform the quarantine center.
If you stayed in or passed through 'Quarantinable Disease Risk Areas', fill out the health questionnaire and submit it to the quarantine officer upon your arrival.

For more information on affected areas, please refer to the inflight magazine in your seat pocket.
If you have a fever, cough, or other symptoms, you must inform the cabin crew and visit the quarantine center upon arrival. If you develop any of these symptoms after arriving in Korea, please call 1339.
Thank you.

Ladies⌒and gentlemen,/ we are⌒approaching ________ airport./

[əpróuʧiŋ] [ou] 이중모음 [ə] 유의
[érpɔ:rt]

Please return your seat⌒and tray table to the upright position,/ and⌒stow your carry- on⌒items, including laptops and⌒other larger electronic devices,/ in the overhead bins or under the seat in front⌒of⌒you./

[ritə́:rn] r발음 유의, 리턴(×) 뤼터r언(○)
[si:] [i]장음
[téibl] [tr-]츄뤠이 [ei]이중모음 앞의 명사 tray에 강세
[ʌpràit] 어브라/업라 (×) 업롸(○)
[pəzíʃən] 2음절 강세 단모음 [i]유의
[stou] [t]경음화
[áitəmz] [ə]유의 끝자음 [z]발음하기
[inklú:diŋ] 2음절 강세
[lǽptaps] [æ]유의 끝자음 [s]발음하기
[ʌðər] [ð]유의
[lá:rdʒər] 모음+r: 장음
[ilektránik] 트로닉(×) 츄롸닉(○) 3음절 강세
[diváisis] [v]유의 2음절 강세
[óuvərhed] [ou], [v]유의 1음절 강세
[binz] [i]유의
[si:t] [i:]유의

[기내판매 미완료 시]

Also,/ we will now be ending our duty free sales to prepare for landing./

[ɔ́:lsou] 올쏘(×) [ɔ], [ou] 유의
[djú:ti]
[seilz] [ei]이중모음 끝자음 [z]발음하기
[pripέər] 2음절 강세
[lǽndiŋ]

[CJJ, HIN, KPO, KUV, KWJ, PUS, TAE, WJU 도착 시]

Due to military restrictions,/ taking pictures⌒of this⌒airport is not

[dju:] [mílitèri] [ristríkʃənz] [píkʧərz]

장음 / [i], [l] 유의 / [t] 경음화, [z] 발음하기 / [z] 발음하기

permitted./

[pərmítid]

[i] 유의

To prevent⌒the spread⌒of infectious diseases,/ if⌒you work⌒in the

[privént] [infékʃəs] [dizí:ziz] [wə:rk]

[v] 유의, 2음절 강세 / [p] 경음화 / [f] 유의, 2음절 강세 / [i], [z] 유의, 2음절 강세 / in과 연음될 때 [k] 경음화

livestock⌒industry,/ you must⌒visit⌒the quarantine center to undergo

[láivstak] [índəstri] [mΛsvízit] [kwɔ́:rəntì:n] [Λndərgóu]

[t] 경음화 / [t] 경음화 / [t] 탈락, [v] 유의 / [i:] 장음, 1음절 강세 / 1,3음절 강세

disinfection procedures./

[dìsinfékʃən] [prəsí:dʒərz]

[f] 유의, 1,3음절 강세 / [z] 발음하기, 2음절 강세

If⌒you have⌒visited⌒a livestock farm/ or if⌒you are bringing agricultural,

[hævizitid] [fa:rm] [ægrikΛlʧərəl]

have의 [v] 탈락 / 모음+r:장음 / 1, 3음절 강세, [l] 유의

animal, or marine products into Korea,/ please inform the quarantine center./

[ǽnəməl] [mərí:n] [prɑ́dʌkts] [kərí:ə] [infɔ́:rm]

[ə], [l] 유의 / [ə], [r] 유의, 2음절 강세 / 프로(×) 롸(○), 끝자음 [ts] 발음 / [ə], [i:] 유의, 2음절 강세 / 모음+r:장음, 2음절 강세

If⌒you stayed⌒in or passed⌒through 'Quarantinable Disease Risk⌒Areas',/

[steirin] [pæsθru:] [kwɔ́:rəntì:nəbl] [dizí:z] [riskέəriə]

[t] 경음화, 모음+[d]+모음: [r]로 연음 / [t] 탈락 / 쿼(×), ㅋ워(○) / [z], [i:] 유의 / [k] 경음화

fill‿out the health questionnaire and submit‿it to the quarantine officer

[fil] [i], [l] 유의 / [helθ] [i], [θ] 유의 / [kwèstʃənɛ́ər] 퀘(×), ㅋ웨(○) 1, 3음절 강세 / [səbmírit] 모음+[t]+모음: [r]로 연음 2음절 강세 / [ɔ́:fisər] [ɔ:] 장음 1음절 강세

upon‿your‿arrival./

[əpάn] 폰(×), 판(○) / [əráivəl] [ə], [v], [l] 유의

For more information on‿affected‿areas,/ please refer to the in-flight

[ìnfərméiʃən] 1, 3음절 강세 / [əféktid] 2음절 강세 / [ɛ́əriəz] 끝자음 [z]발음 / [rifɔ́:r] [r], [f] 유의

magazine in‿your seat pocket./

[mægəzí:n] [z], [i:] 유의 1, 3음절 강세 / [pάkit] 포켓, 파켓(×) 파키t(○)

If‿you have‿a fever, cough, or other symptoms,/ you must‿inform the

[fí:vər] [f], [v], [r] 유의 / [kɔ:f] gh: [f]로 발음 / [símptəmz] 끝자음 [z] 발음 / [infɔ́:rm] 2음절 강세

cabin crew and visit the quarantine center upon‿arrival./ If‿you develop

[divéləp] [v] 유의 2음절 강세

any of‿these‿symptoms after‿arriving in Korea,/ please call 1339./

[ði:símptəmz] [i:] 유의 연음되면서 [z] 탈락 / [əráiviŋ] [v] 유의 2음절 강세 / [kɔ:l] 콜(×) [ɔ], [l] 유의

Thank‿you./

억양

Ladies and gentlemen,/ we are approaching ______ airport./
Please return your seat and tray table to the upright position,/ and stow your carry-on items, including laptops and other larger electronic devices,/ in the overhead bins or under the seat in front of you./

[기내판매 미완료 시]

Also,/ we will now be ending our duty free sales to prepare for landing./

[CJJ, HIN, KPO, KUV, KWJ, PUS, TAE, WJU 도착 시]

Due to military restrictions,/ taking pictures of this airport is not permitted./

To prevent the spread of infectious diseases,/ if you work in the livestock industry,/ you must visit the quarantine center to undergo disinfection procedures./
If you have visited a livestock farm/ or if you are bringing agricultural, animal, or marine products into Korea,/ please inform the quarantine center./
If you stayed in or passed through 'Quarantinable Disease Risk Areas',/ fill out the health questionnaire and submit it to the quarantine officer upon your arrival./ For more Information on affected areas,/ please refer to the inflight magazine in your seat pocket./
If you have a fever, cough, or other symptoms,/ you must inform the cabin crew and visit the quarantine center upon arrival./ If you develop any of these symptoms after arriving in Korea,/ please call 1339./
Thank you./

공항 접근: 한국(Approaching : Korea) 단어 발음 연습

단 어	발 음	뜻	단 어	발 음	뜻
approaching	[əpróuʧiŋ]	다가가다	airport	[érpɔ:rt]	공항
upright	[ʌpràit]	똑바른	position	[pəzíʃən]	위치
stow	[stou]	집어넣다	including	[inklú:diŋ]	포함하다
laptops	[lǽptaps]	노트북	other	[ʌðər]	다른
larger	[lá:rdʒər]	더 큰	electronic	[ilektránik]	전자의
devices	[diváisis]	기기	prepare	[pripέər]	준비하다
landing	[lǽndiŋ]	착륙	military	[míliteri]	군사의
restrictions	[ristríkʃənz]	제한	pictures	[píkʧərz]	사진
permitted	[pərmítid]	허가된	prevent	[privént]	막다
spread	[spred]	확산, 전파	infectious	[infékʃəs]	전염되는
diseases	[dizí:ziz]	질병	work	[wə:rk]	일하다
livestock	[láivstak]	가축	industry	[índəstri]	산업
quarantine	[kwɔ́:rəntì:n]	검역, 격리	undergo	[ʌndərgóu]	겪다, 받다
disinfection	[dìsinfékʃən]	소독, 살균	procedures	[prəsí:dʒərz]	절차
farm	[fa:rm]	농장	agricultural	[ægrikʌlʧərəl]	농업의
animal	[ǽnəməl]	동물의	marine	[mərí:n]	바다의
products	[prάdʌkts]	생산품	through	[θru:]	~을 통해
quarantinable	[kwɔ́:rəntì:nəbl]	검역/격리할 수 있는	disease	[dizí:z]	질병
risk	[risk]	위험	area	[έəriə]	지역
fill out	[filaut]	작성하다	health	[helθ]	건강
questionnaire	[kwèsʧənέər]	설문지	submit	[səbmít]	제출하다
officer	[ɔ́:fisər]	담당관	upon	[əpάn]	~의 직후에
arrival	[əráivəl]	도착	affected	[əféktid]	병이 발생한
magazine	[mægəzí:n]	잡지	pocket	[pάkit]	주머니
fever	[fi:vər]	열	cough	[kɔ:f]	기침
symptoms	[símptəmz]	증상	develop	[divéləp]	(병이)생기다
these	[ði:z]	이러한	call	[kɔ:l]	전화하다

3 공항 접근: 중국(Approaching : China)

해외 감염병의 확산 방지를 위해 발열, 기침 등 이상 증세가 있으신 분은 반드시 승무원에게 알려주시고, 도착 후 검역관에게 신고해 주시기 바랍니다. 아울러, 아프리카 돼지열병의 유입을 차단하기 위해 육류 제품 반입을 엄격히 금지하고 있습니다. 해당 물품을 반입하는 경우 벌금이 부과될 수 있으니 유의해 주십시오. 고맙습니다.

해외 감염병의 확산 방지를 위해∨ 발열,∨ 기침 등 이상 증세가 있으신 분은∨
[해:외] [가:몀뼝]

반드시 승무원에게 알려 주시고,∨ 도착 후 검역관에게 신고해 주시기 바랍니다.
[도:차쿠:] [거:멱꽌]

아울러,∨ 아프리카 돼지열병의 유입을 차단하기 위해∨ 육류 제품 반입을 엄격히
[돼:지] [차:단] [제:품]

금지하고 있습니다. 해당 물품을 반입하는 경우∨ 벌금이 부과될 수 있으니 유의해
[금:지] [부:과]

주십시오. 고맙습니다.
[고:맙씀니다]

발음 시 유의사항

- 주의할 발음
  - ▶ 해:외, 감:염병, 도:착 후:, 검:역관, 돼:지, 차:단, 제:품, 금:지, 부:과 : 장음에 유의
  - ▶ 검역관(검역간 ×), 부과될(부가댈 ×) : 복모음 발음에 유의

To prevent the spread of infectious diseases, you must notify the cabin crew if you have a fever, cough or other symptoms. You must also report to the quarantine center upon arrival. Also, to prevent the spread of African Swine Fever, bringing meat products into China is strictly prohibited. Violators may be fined up to five thousand Chinese yuan. Thank you

---

To prevent⌒the spread⌒of⌒infectious diseases,/ you must⌒notify the

prevent [privént] 2음절 강세 [v] 유의 · spread [spred] [p] 경음화 · infectious [infékʃəs] 2음절 강세 [f] 유의 · diseases [dizí:ziz] 2음절 강세, 장음 어미[z] 생략(×) · notify [nóutəfài] [ou] 이중모음 [ə] 유의

cabin crew/ if⌒you have⌒a fever,/ cough/ or other symptoms.

fever [fí:vər] 1음절 강세, 장음 [f] [v] 유의 · cough [kɔ:f] 1음절 장음 [ɔ] 유의 · other [ʌðər] [ð] 유의 [ə] 유의 · symptoms [símptəmz] 씸(×)

You must also report⌒to the quarantine center/ upon⌒arrival. Also,/ to

also [ɔ́:lsou] [ɔ] 유의 [ou] 이중모음 · report [ripɔ́:rt] 리(×), 뤼(○) · quarantine [kwɔ́:rəntì:n] 1,3음절 강세, ㅋ워: 3음절 장음 · upon [əpάn] · arrival [əráivəl] 2음절 강세 [ə], [r], [v], [l] 유의

prevent⌒the spread⌒of African Swine Fever,/ bringing meat products

spread [p] 경음화 · African [ǽfrikən] 아(×), 애(○) · Swine [swain] · bringing [briŋiŋ] · meat [mi:t] 2음절 장음 · products [prάdʌkts] 1음절 강세 라(×), 롸(○)

into China/ is⌒strictly prohibited. Violators may be fined/ up to five

strictly [stríktli] [t] 경음화 뤼끌리(○) · prohibited [prouhíbitid] [ou] 이중모음 2음절 강세 · Violators [váiəlèitərz] 1,3음절 강세 [v], [ə], [z] 유의 · fined [faind] [f] 유의

thousand Chinese yuan. Thank⌒you.

thousand [θáuzənd] [θ], [z] 유의 · Chinese [ʧàiní:z] 3음절 장음 · yuan [juά:n/-én] 2음절 강세

억양

To prevent the spread of infectious diseases,/ you must notify the cabin crew/ if you have a fever,/ cough/ or other symptoms. You must also report to the quarantine center/ upon arrival. Also,/ to prevent the spread of African Swine Fever,/ bringing meat products into China/ is strictly prohibited. Violators may be fined/ up to five thousand Chinese yuan. Thank you.

공항 접근: 중국(Approaching : China) 단어 발음 연습

단 어	발 음	뜻	단 어	발 음	뜻
prevent	[privént]	막다	spread	[spred]	확산
infectious	[infékʃəs]	전염되는	diseases	[dizí:ziz]	병, 질병
notify	[nóutəfài]	알리다	fever	[fí:vər]	열
cough	[kɔ:f]	기침	other	[ʌðər]	다른
symptoms	[símptəmz]	증상	also	[ɔ́:lsou]	또한
report	[ripɔ́:rt]	알리다, 신고하다	quarantine	[kwɔ́:rəntì:n]	검역, 격리
upon	[əpάn]	~하자마자	arrival	[əráivəl]	도착
African	[ǽfrikən]	아프리카의	swine	[swain]	돼지
meat	[mi:t]	고기, 육류	strictly	[stríktli]	엄격하게
prohibited	[prouhíbitid]	금지하다(p.p)	violators	[váiəlèitərz]	위반자
fined	[faind]	벌금을 부과하다(p.p)	thousand	[θáuzənd]	천
Chinese	[ʧàiní:z]	중국의	yuan	[juά:n/-én]	위안

4 공항 접근: 싱가포르(Approaching : Singapore)

싱가포르에서는 껌 반입이 금지되어 있습니다. 담배 관련 제품이나 이만 싱가포르 달러 이상 또는 이에 해당하는 외화를 가지고 계신 분은 도착 후 세관에 신고해 주십시오. 고맙습니다.

싱가포르에서는 껌 반입이 금지되어 있습니다. 담배 관련 제품이나∨ 이만 싱가
[금:지] [담:배] [이:만]

포르 달러 이상∨ 또는 이에 해당하는 외화를 가지고 계신 분은∨ 도착 후 세관
[이:상] [외:화] [도:차쿠:] [세:관]

에 신고해 주십시오. 고맙습니다.
[고:맙씀니다]

발음 시 유의사항

- 주의할 발음
  - ▶ 금:지, 담:배, 이:만, 이:상, 외:화, 도:착 후:, 세:관 : 장음에 유의
  - ▶ 금지되어(금지대어 ×), 관련(간련 ×), 외화(외하 ×), 세관(세간 ×) : 복모음 발음 유의

Please note that chewing gum is prohibited from being brought into Singapore. Passengers carrying tobacco products or currency more than 20,000 Singapore dollars or its equivalent in foreign currency must declare when submitting SG Arrival Card or separately via the ICA's website upon arrival. Thank you

---

Please note/ that chewing gum⁀is prohibited/ from being brought⁀into

- note [nout] [ou] 이중모음
- chewing gum [ʧu:iŋ gʌm] 장음
- prohibited [prouhíbitid] [ou] 이중모음
- brought [brɔ:t] [ɔ:] 유의

Singapore. Passengers carrying tobacco products/ or currency more than

- Singapore [síŋgəpɔ̀:r] 1,3음절 강세 / 3음절 장음
- Passengers [pǽsəndʒərz] 1음절 강세 / [z] 생략 ×
- carrying [kǽriiŋ] 캐링(×) / 캐뤼잉(○)
- tobacco [təbǽkou] 2음절 강세 / [ə] 유의
- products [prάdʌkts]
- currency [kə́:rənsi] 1음절 장음 / [ə] 유의

20,000 Singapore dollars/ or its⁀equivalent⁀in foreign currency/

- dollars [dάlərz] [z] 생략 ×
- equivalent [ikwívələnt] 2음절 강세 / 퀴(×), ㅋ위(○)
- foreign [fɔ́:rən] 1음절 장음 / [ə] 유의

must⁀declare when submitting SG Arrival Card/ or separately via the

- declare [diklέər] 2음절 강세
- submitting [səbmítiŋ] 2음절 강세
- Arrival Card [əráivəl ka:rd] 2음절 강세 / [ə], [r], [v], [l] 유의
- separately [sépərətli] [p] 경음화
- via [váiə/ví:ə] [v] 유의

ICA's website/ upon⁀arrival. Thank⁀you.

- upon [əpάn] 2음절 강세 / [ə] 유의

억양

Please note/ that chewing gum is prohibited/ from being brought into Singapore. Passengers carrying tobacco products/ or currency more than 20,000 Singapore dollars/ or its equivalent in foreign currency/ must declare when submitting SG Arrival Card/ or separately via the ICA's website/ upon arrival. Thank you.

공항 접근: 싱가포르(Approaching : Singapore) 단어 발음 연습

단 어	발 음	뜻	단 어	발음	뜻
note	[nout]	주목하다	chewing gum	[ʧu:iŋ gʌm]	껌
prohibited	[prouhíbitid]	금지하다	brought	[brɔ:t]	가지고 오다(p.p)
Singapore	[síŋgəpɔ̀:r]	싱가포르	passengers	[pǽsəndʒərz]	승객들
carrying	[kǽriiŋ]	휴대하는	tobacco	[təbǽkou]	담배
currency	[kə́:rənsi]	통화	dollars	[dálərz]	달러
equivalent	[ikwívələnt]	동등한, 상당하는 것	foreign	[fɔ́:rən]	외국의
declare	[dikléər]	신고하다	submitting	[səbmítiŋ]	제출하는
arrival	[əráivəl]	도착	card	[ka:rd]	카드
separately	[sépərətli]	별도로	via	[váiə/ví:ə]	통하여

5 착륙(Landing)

손님 여러분, 우리 비행기는 곧 착륙하겠습니다. 좌석 등받이와 (발 받침대) 테이블을 제자리로 해 주시고, 좌석벨트를 매 주십시오. 노트북 등 큰 전자기기는 좌석 하단 또는 기내 선반에 보관해 주시기 바랍니다. 고맙습니다.

손님 여러분, 우리 비행기는 곧 착륙하겠습니다. 좌석 등받이와 (발 받침대)
[창뉴카게씀니다] [좌:석] [등바지] [받침때]

테이블을 제자리로 해 주시고,∨ 좌석벨트를 매 주십시오. 노트북 등 큰 전자
[좌:석] [매:] [전:자]

기기는 좌석 하단∨ 또는 기내 선반에 보관해 주시기 바랍니다.
[좌:석] [하:단] [보:관]

고맙습니다.
[고:맙씀니다]

발음 시 유의사항

- 끊어 읽기
  - ‘손님 여러분, 우리 비행기는 곧 착륙하겠습니다.’ : 끊지 말고 한번에 읽는다.
  - ‘좌석 등받이와 (발 받침대,) 테이블을 제자리로 해 주시고,’ 까지 읽은 후 한 번 쉬고 연결해서 읽는다.
  - ‘노트북 등 큰 전자기기는 좌석 하단’까지 읽은 후 반템포 쉬는 것이 자연스럽다.
- 주의할 발음
  - 착륙하겠습니다 : [창뉴카게씀니다]로 정확하게 발음
  - 등받이[등바지], 받침대[받침때]로 정확하게 발음
  - ‘제- 자리로’, ‘해- 주시고’ 처럼 불필요한 곳에서 음절을 길게 늘여 읽지 않도록 유의
  - 좌석, 전자, 하단, 보관 등의 장음 발음에 유의

Ladies and gentlemen,

we will be landing soon. Please fasten your seatbelt, return your seat and tray table to the upright position. Also, please place large electronic devices such as laptop computers under the seat or in the overhead bins.

Thank you.

Ladies⌒and gentlemen,/

we will be landing soon./ Please fasten your seatbelt,/ return your seat and

[suːn] [fǽsn] [ritə́ːrn]

[æ] 입이 크게 벌어지게 발음 / r발음 유의 리턴(×) 뤼터r언(○)

tray table to the upright position./

[téibl] [ʌpràit] [pəzíʃən]

[tr-]츄뤠이 [ei]이중모음 / 어브-/엄라이트(×) / 포지션(×) 2음절 강세

Also, please place large electronic devices such⌒as laptop computers/

[pleis] [ilektrάnik] [lǽptap][kəmpjúːtərz]

[ei]이중모음 / 일렉트로닉(×), -츄롸-(○) / 2음절 강세, [pjúː] 장음

under the seat or in the overhead bins./ Thank⌒you./

[óuvərhed]

[ou]이중모음, v발음 유의

출처 : www.airliner.com

억양

Ladies and gentlemen,/
we will be landing soon./ Please fasten your seatbelt,/ return your seat and tray table to the upright position./ Also,/ please place large electronic devices such as laptop computers/ under the seat or in the overhead bins./ Thank you./

착륙(Landing) 단어 발음 연습

단 어	발 음	뜻	단 어	발 음	뜻
soon	[su:n]	곧	large	[la:rdʒ]	큰
tray table	[téibl]	좌석 앞 테이블	electronic devices	[ilektránik diváisiz]	전자기기들
upright	[ʌpràit]	똑바로	place	[pleis]	놓다
position	[pəzíʃən]	자세, 위치	laptop computers	[lǽptap kəmpjú:tərz]	노트북

4 착륙 후 방송

순 서	NCS 능력단위 요소	기내방송	세부 시점	항공기 위치
1	정상 상황 방송하기 [1203010512_16v1.2]	환송(Farewell)	착륙 이후 게이트로 진입(Taxing) 중 (Engine Reverse 종료 시점)	지상

방송 시점별 비행기 위치

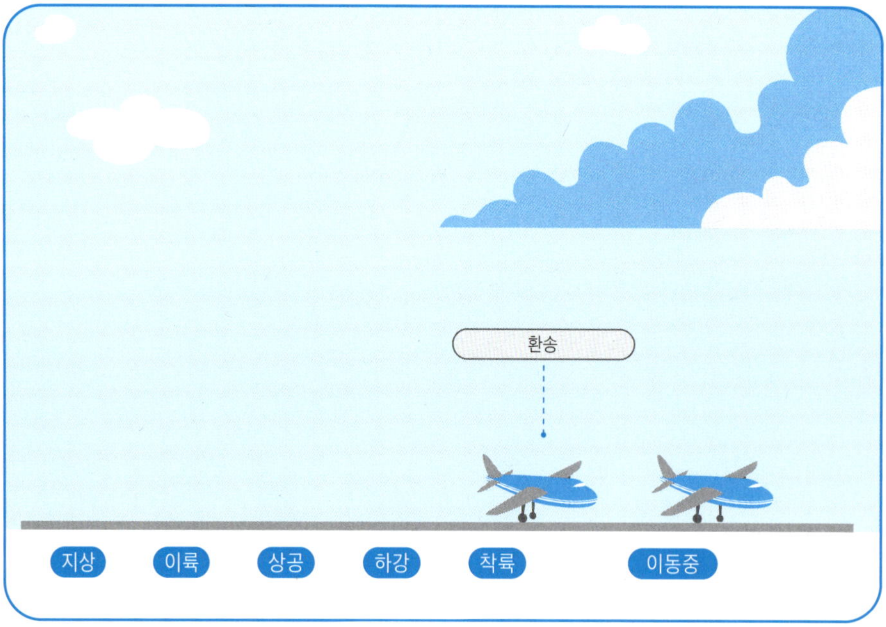

1 환송(Farewell)

손님 여러분, 우리 비행기는 (공항명)에 도착했습니다.

> [30분 이상 지연/기상, 천재지변 등 당사 귀책사유가 아닌 경우]
> ________ 관계로 도착이 예정보다 늦어졌습니다.

지금 이 곳은 __월 __일 __요일 오전(/오후) __시 __분입니다. 여러분의 안전을 위해, 비행기가 완전히 멈춘 후 좌석벨트 표시등이 꺼질 때까지 자리에서 기다려 주십시오. 선반을 여실 때는 안에 있는 물건이 떨어질 수 있으니 조심해 주시고, 내리실 때는 잊으신 물건이 없는지 다시 한 번 확인해 주시기 바랍니다. 오늘도 저희 ○○항공을 이용해 주셔서 대단히 감사합니다. 저희 승무원들은 앞으로도 안전하고 편안한 여행을 위해 최선을 다하겠습니다. 고맙습니다.

손님 여러분,∨ 우리 비행기는 (공항명)에 도착했습니다.
[도:차캐씀니다]

> [30분 이상 지연/기상, 천재지변 등 당사 귀책사유가 아닌 경우]
> ________ 관계로 도착이 예정보다 늦어졌습니다.
> [도:차기] [예:정]

지금 이곳은∨ ___월 ___일 ___요일 오전(/오후) ___시 ___분입니다. 여러분의
[오:전] [오:후]

안전을 위해,∨ 비행기가 완전히 멈춘 후 좌석벨트 표시등이 꺼질 때까지
[좌:석]

자리에서 기다려 주십시오. 선반을 여실 때는∨ 안에 있는 물건이 떨어질 수 [떠러질 쑤]

있으니 조심해 주시고,∨ 내리실 때는 잊으신 물건이 없는지∨ 다시 한 번 확인해
[조:심] [이즈신] [화긴해]

주시기 바랍니다. 오늘도 저희 ○○항공을 이용해 주셔서∨ 대단히 감사합니다.
[항:공] [이:용] [대:단히]

저희 승무원들은 앞으로도 안전하고 편안한 여행을 위해∨ 최선을 다하겠습니다.
[저히] [펴난한] [최:선] [다:]

고맙습니다.
[고:맙씀니다]

발음 시 유의사항

- 끊어 읽기
  - ▶ '오늘도 ~ 이용해 주셔서' 까지 읽고 한 번 쉰 후 연결해서 읽는다.
  - ▶ '저희 승무원들은 앞으로도 ~ 여행을 위해'에서 한 번 쉬고 연결해서 읽는다.
- 주의할 발음
  - ▶ 여행, 항공, 대단히, 저희, 여행 : 'ㅎ' 발음에 유의
  - ▶ 도착했습니다 : 장음 발음에 유의
  - ▶ '여행으을~' 늘여서 읽지 않도록 주의
  - ▶ 항공, 대단히 : 장음과 'ㅎ' 발음에 유의
  - ▶ 최선 : 이중모음에 유의

Ladies and gentlemen,

we have landed at (공항명) (international) airport.

[30분 이상 지연/기상, 천재지변 등 당사 귀책사유가 아닌 경우]

Today we were delayed due to ________.

The local time is now (__:__) a.m./p.m., (day-of-the-week), (month),(date).

For your safety, please remain seated until the seatbelt sign is turned off. Be careful when opening the overhead bins as the contents may have shifted during the flight. Please remember to take all of your belongings when you leave the airplane.

Thank you for choosing (항공사명) and we hope to see you again soon on your next flight.

Ladies⌒and gentlemen,/

we have landed at (공항명) (international) airport./

[30분 이상 지연/기상, 천재지변 등 당사 귀책사유가 아닌 경우]

Today we were delayed due to ________.

Today	delayed
[tədéi]	[diléid]
2음절 강세	2음절 강세

The local time is now (__:__) a.m./p.m., (day of the week), (month),(date)./

local	time	now
[lóukəl]	[taim]	[naʊ]
[ou]	[ai]	[aʊ] 이중모음

For your safety,/ please remain seated/ until the seatbelt sign⌒is turned⌒off./

remain	seated	seatbelt	turned off
[riméin]	[siːtid]	[siːtbelt]	[təːrndɔːf]
[ei] 이중모음	[iː]장음	명사+명사: seatbelt에 강세	동사+부사: 부사 off에 강세

Be careful when opening the overhead bins/ as the contents may have shifted

[kɛ́ərfəl] f/l 발음 유의 | [óupəniŋ] [ou] 이중모음, [p] 경음화 | [óuvərhed] [ou] 이중모음, v 발음 유의 | [kάntents] 1음절 강세 | [ʃiftid] f발음 유의, 어미d에 '으'모음 삽입금지

during the flight./

Please remember to take all⌒of⌒your belongings/ when you leave the airplane.

[rimémbər] r발음 유의, 2음절 강세 | [bilɔ́:ŋiŋz] 2음절 강세 | [li:v] [i:]장음 | [ɛ́ərplein] r발음 유의, 에어(×)

Thank⌒you for choosing (항공사명)/ and we hope⌒to see you again soon/

[ʧu:ziŋ] [u:]장음, [z]발음 유의 | [houp] 헙(×), [ou] 이중모음 | [əgén] [su:n] 어게인(×)

on your next⌒flight./

[t]를 받침처럼 발음. 넥슽(○)

억양

Ladies and gentlemen,/

we have landed at (공항명) (international) airport./

[30분 이상 지연/기상, 천재지변 등 당사 귀책사유가 아닌 경우]

Today we were delayed due to ________.

The local time is now (__:__) a.m./p.m., (day-of-the-week), (month), (date)./

For your safety, please remain seated/ until the seatbelt sign is turned off./

Be careful when opening the overhead bins/ as the contents may have shifted during the flight./

Please remember to take all of your belongings/ when you leave the airplane.
Thank you for choosing (항공사명)/ and we hope to see you again soon/ on your next flight.

환송(Farewell) 단어 발음 연습

단 어	발 음	뜻	단 어	발 음	뜻
delayed	[diléid]	지연되다	local	[lóukəl]	현지의
careful	[kέərfəl]	주의 깊은	contents	[kάntents]	내용물
shifted	[ʃiftid]	옮기다	remember	[rimémbər]	기억하다
belongings	[bilɔ́:ŋiŋz]	소지품	airplane	[εərplein]	비행기
choosing	[ʧu:ziŋ]	선택하다	again	[əgén]	다시

출처 : www.swiss.com

출처 : www.careerflightpath.com

5 응급환자 대처 방송

순 서	NCS 능력단위 요소	기내방송	세부 시점
1	응급환자 대처 방송하기 [1203010508_13v1]	의사 호출(Doctor paging)	비행 중 상시 (필요시)

1 Doctor paging

안내 말씀 드리겠습니다.

지금 기내에 응급환자가 발생했습니다.

손님 중에 의사 선생님이 계시면 저희 승무원에게 말씀해 주십시오.

안내 말씀 드리겠습니다. 지금 기내에 응급환자가 발생했습니다.
[안:내][말씀][드리게씀니다] [응:급][환:자]

손님 중에 의사 선생님이 계시면∨ 저희 승무원에게 말씀해 주십시오.
[저히] [말:씀]

발음 시 유의사항

- 끊어 읽기
  - ▶ '손님 중에 의사 선생님이 계시면' 까지 읽고 한 번 쉰 후 연결해서 읽는다.
- 주의할 발음
  - ▶ 환자 : 이중모음 발음에 유의

Ladies and gentlemen,

We have a passenger who requires emergency medical attention.

If there is a medical doctor on board, please inform any of our cabin crew.

Thank you.

Ladies⁀and gentlemen,/

We have⁀a passenger who requires emergency medical attention./

requires [rikwáiərz] r발음 유의 / emergency [imə́:rdʒənsi] 2음절 강세 / attention [əténʃən] 2음절 강세

If there⁀is⁀a medical doctor⁀on board,/ please inform any of⁀our cabin crew./

medical [médikəl] / inform [infɔ́:rm] 2음절 강세, r발음 유의

Thank⁀you./

억양

Ladies and gentlemen,/
We have a passenger who requires emergency medical attention./
If there is a medical doctor on board,/ please inform any of our cabin crew./
Thank you./

Doctor paging 단어 발음 연습

단어	발음	뜻	단어	발음	뜻
requires	[rikwáiərz]	요구하다	emergency	[imə́ːrdʒənsi]	비상상황
medical	[médikəl]	의학의	attention	[əténʃən]	주목
inform	[infɔ́ːrm]	알리다	cabin crew	[kǽbin kruː]	객실승무원

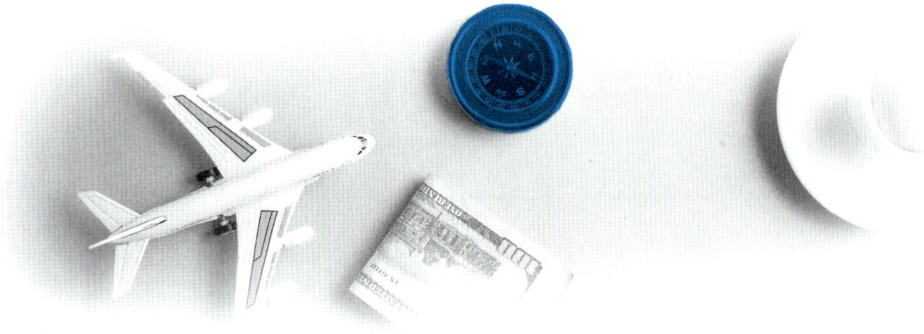

6 비정상 상황 방송

순 서	NCS 능력단위 요소	기내방송	세부 시점	항공기 위치
1	비정상 상황 방송하기 [1203010512_16v1.3]	항공기 지연(Delay)	출발 지연 시	지상
2		금연 안내(No smoking)	비행 중	상공
3		기류변화(Turbulence)로 인한 식사서비스 중지 중 벨트 착용 안내	식사서비스 중 기류변화로 인한 서비스 중단 이후	상공
4		회항(Diversion)	비행 중 기장에 의한 회항 결정 이후	상공
5		선회(Circling)	비행 중 기장에 의한 선회 결정 이후	상공

방송 시점별 비행기 위치

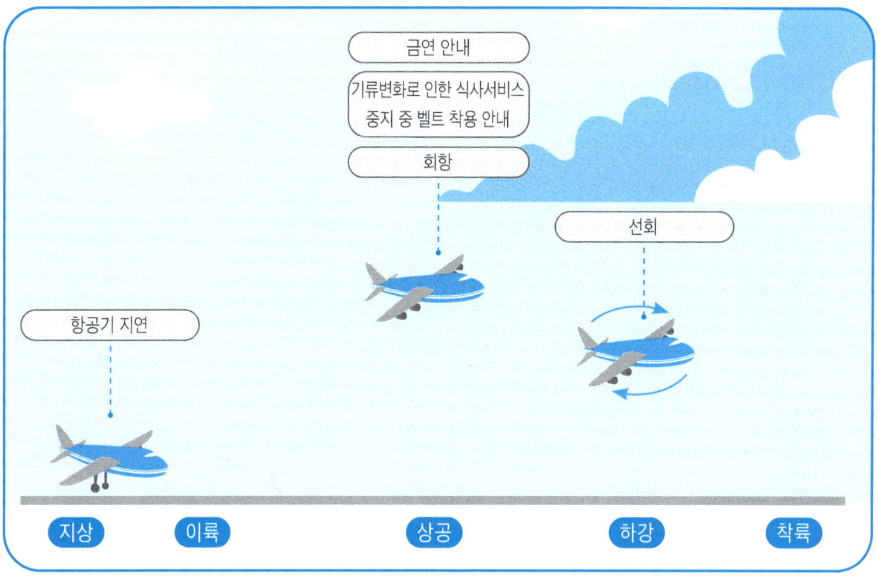

1 항공기 지연 안내(Delay)

안내 말씀 드리겠습니다.

1. 저희 비행기는 비행기 이륙 순서를 기다리고 있어,
2. 저희 비행기는 출국 수속 중인 손님을 기다리고 있어,
3. 저희 비행기는 수하물 탑재가 계속되고 있어,
4. 저희 비행기는 관제탑의 이륙 허가를 기다리고 있어,
5. 저희 비행기는 연결편 손님을 기다리고 있어,

출발이 예정보다 지연되고 있습니다.

1. 잠시 후 출발하겠으니, 양해해 주시기 바랍니다.
2. 약 ___시가 ___분 후, 출발하겠으니, 양해해 주시기 바랍니다.
3. ______가 끝나는 대로 출발하겠으니, 양해해 주시기 바랍니다.

감사합니다.

안내 말씀 드리겠습니다.
[안:내][말:씀][드리게씀니다]

1. 저희 비행기는 비행기 이륙 순서를 기다리고 있어,∨
   [저히] [이:륙] [순:서]

2. 저희 비행기는 출국 수속 중인 손님을 기다리고 있어,∨
   [저히]

3. 저희 비행기는 수하물 탑재가 계속되고 있어,∨
   [저히] [탑째] [계:속]

4. 저희 비행기는 관제탑의 이륙 허가를 기다리고 있어,∨
   [저히] [이:륙]

5. 저희 비행기는 연결편 손님을 기다리고 있어,∨
[저히]

출발이 예정보다 지연되고 있습니다.
[예:정]

1. 잠시 후 출발하겠으니,∨ 양해해 주시기 바랍니다.
[잠:시]
2. 약 ___시가 ___분 후,∨ 출발하겠으니,∨ 양해해 주시기 바랍니다.
3. _______가 끝나는 대로 출발하겠으니,∨ 양해해 주시기 바랍니다.

감사합니다.

발음 시 유의사항

- 끊어 읽기
  - ▶ '손님 중에 의사 선생님이 계시면' 까지 읽고 한 번 쉰 후 연결해서 읽는다.
- 주의할 발음
  - ▶ 저희 : [저이]가 되지 않도록 [저히]로 정확한 'ㅎ' 발음에 유의
  - ▶ 비행기, 양해, 허가 : 'ㅎ' 발음에 유의
  - ▶ 이:륙, 순:서, 계:속 : 장음 발음에 유의

Ladies and gentlemen, we are now waiting for

1. our turn to take-off.
2. the completion of check-in procedures by passengers.
3. the completion of baggage (or cargo) loading.
4. the departure (or take-off) clearance.
5. passengers from a connecting flight.

1. We'll depart in about ___hour(s) and ___minutes.
2. We'll depart as soon as possible.

We appreciate your understanding and patience.

Thank you.

Ladies‿and gentlemen,/ we are now waiting for

1. our turn to take-off./
2. the completion‿of check-in procedures by passengers./
   [kəmplíːʃən] 2음절 강세 [prəsíːdʒərz] 2음절 강세
3. the completion‿of baggage (or cargo) loading./
   [bǽgidʒ] [káːrgou] [lóudiŋ]
   명사+명사 : 앞의 명사(baggage/cargo)에 강세
4. the departure (or take-off) clearance./
   [dipáːrtʃər] 2음절 강세 [klíərəns] [l]발음 유의
5. passengers from‿a connecting flight./
   [kənéktiŋ] 2음절 강세

1. We'll depart in⁀about ___hour(s) and ___minutes./
   [dipɑ́ːrt]
   2음절 강세, [r]발음 유의 시간에 강세

2. We'll depart as⁀soon⁀as possible./
   [suːn] [pɑ́səbl]

We appreciate⁀your understanding and patience./
[əpríːʃièit] [ʌndərstǽndiŋ] [péiʃəns]
2음절 강세, [ei]이중모음 3음절 강세 [ei]이중모음

Thank⁀you./

억양

Ladies and gentlemen,/ we are now waiting for

1. our turn to take-off./
2. the completion of check-in procedures by passengers./
3. the completion of baggage (or cargo) loading./
4. the departure (or take-off) clearance./
5. passengers from a connecting flight./

1. We'll depart in about ___hour(s) and ___minutes./
2. We'll depart as soon as possible./

We appreciate your understanding and patience./

Thank you./

항공기 지연 안내(Delay) 단어 발음 연습

단 어	발 음	뜻	단 어	발 음	뜻
completion	[kəmplíːʃən]	완료	check-in	[ʧekin]	체크인,수속
procedures	[prəsíːdʒərz]	절차	baggage	[bǽgidʒ]	짐
cargo	[káːrgou]	화물	loading	[lóudiŋ]	탑재
clearance	[klíərəns]	이륙허가	connecting	[kənéktiŋ]	연결하는
depart	[dipáːrt]	출발하다	appreciate	[əpríːʃièit]	감사하다
understanding	[ʌndərstǽndiŋ]	이해	patience	[péiʃəns]	인내

2 금연안내(No smoking)

안내 말씀 드리겠습니다.
항공보안법에 따라 화장실을 포함한 기내에서는 금연이오니 협조해 주시기 바랍니다.

안내 말씀 드리겠습니다.
[안:내][말:씀]

항공보안법에 따라∨ 화장실을 포함한 기내에서는 금연이오니 협조해 주십시오.
[항:공보:안뻡] [그면] [협쪼]

발음 시 유의사항

- 끊어 읽기
  - ▶ '항공보안법에 따라'까지 읽고 반템포 쉬고, 연결해서 읽는다.
- 주의할 발음
  - ▶ 금연=[그면]
  - ▶ 협조=[협쪼]
  - ▶ 항공보안법=[항:공보:안뻡]

Ladies and gentlemen,

Please note that smoking is strictly prohibited in the cabin and the lavatories during the flight. Your cooperation is much appreciated.

Thank you.

Ladies⌒and gentlemen,/

Please note /that smoking is strictly prohibited in the cabin and the lavatories

[nout] [smóukiŋ] [stríktli] [prouhíbitid] [lǽvətɔ̀ːriz]

[ou]이중모음 [ou]이중모음 [t]경음화 [ou]이중모음 1음절 강세

자음 /ktl/연속시 가운데 자음 t약화 v발음 유의

during the flight./ Your cooperation is much appreciated./

[kouɑ̀pəréiʃən] [əpríːʃièitid]

모음 [oua] 유의 2음절 강세, [ei]이중모음

Thank⌒you./

억양

Ladies and gentlemen,/

Please note/ that smoking is strictly prohibited in the cabin and the lavatories during the flight./ Your cooperation is much appreciated./

Thank you./

금연안내(No smoking) 단어 발음 연습

단 어	발 음	뜻	단 어	발 음	뜻
note	[nout]	주목하다	smoking	[smóukiŋ]	흡연
strictly	[stríktli]	엄격하게	prohibited	[prouhíbitid]	금지된
cabin	[kǽbin]	객실	lavatories	[lǽvətɔ́:riz]	화장실
cooperation	[kouɑ̀pəréiʃən]	협조	appreciated	[əprí:ʃièitid]	감사하다

출처 : www.wired.com

3 기류변화(Turbulence)로 인한 식사서비스 중지 중 벨트 착용 안내

손님 여러분,

기류가 불안정하여 비행기가 많이 흔들리고 있습니다.

좌석에 앉으셔서 좌석벨트를 몸에 맞게 매주시기 바라며, 동반한 어린이의 좌석 벨트 상태도 확인해 주시기 바랍니다.

기류가 안정되는 대로 다시 (식사) 서비스를 해드리겠습니다.

손님 여러분,∨ 기류가 불안정하여 비행기가 많이 흔들리고 있습니다.

좌석에 앉으셔서 좌석벨트를 몸에 맞게 매주시기 바라며,∨ 동반한 어린이의
[좌:석] [좌:석] [매:]

좌석벨트 상태도 확인해 주시기 바랍니다.
[좌:석] [화긴해]

기류가 안정되는 대로∨ 다시 (식사) 서비스를 해드리겠습니다.
[식싸]

발음 시 유의사항

- 끊어 읽기
  - ▶ '좌석에 앉으셔서 ~ 매주시기 바라며,'까지 읽고 한 번 쉬고 연결해서 읽는다.
- 주의할 발음
  - ▶ 확인 : 이중모음 발음에 유의
  - ▶ 식사=[식싸]

Ladies and gentlemen,

We're now experiencing some turbulence.

Please remain seated and fasten your seatbelt until the captain turns off the seatbelt sign. Also, please make sure that your children are securely fastened.

We will resume the (meal) service once the turbulence subsides.

Thank you.

Ladies⁀and gentlemen,/

We're now experiencing some turbulence./

experiencing [ikspíəriənsiŋ] [p]경음화, 2음절 강세
turbulence [tə́:rbjuləns] [r/l]발음 유의, 1음절 강세

Please remain seated/ and fasten your seatbelt until the captain turns⁀off

remain [riméin] [r]발음 유의, 2음절 강세

the seatbelt sign./ Also,/ please make sure that⁀your children are securely

securely [sikjúərli] 2음절 강세

fastened.

We will resume the (meal) service/ once the turbulence subsides.

resume [rizú:m] [r/z]발음 유의, 2음절 강세
service [sə́:rvis] [v]발음 유의
subsides [səbsáidz] 2음절 강세

Thank⁀you

억양

Ladies and gentlemen,/
We're now experiencing some turbulence./
Please remain seated and fasten your seatbelt/ until the captain turns off the seatbelt sign./ Also,/ please make sure that your children are securely fastened./
We will resume the (meal) service/ once the turbulence subsides./
Thank you. /

기류변화(Turbulence) 단어 발음 연습

단 어	발 음	뜻	단 어	발 음	뜻
experiencing	[ikspíəriənsiŋ]	경험하다	turbulence	[tə́ːrbjuləns]	난기류
securely	[sikjúərli]	안전하게	resume	[rizúːm]	재개하다
children	[tʃíldrən]	아이들	meal	[miːl]	식사
service	[sə́ːrvis]	서비스	subsides	[səbsáidz]	잠잠해지다

출처 : www.letvent.com

4 회항(Diversion)

안내 말씀 드리겠습니다.

( ) 공항의 짙은 안개로 착륙이 불가능합니다.

우리 비행기는 ( ) 공항에 임시 착륙하겠습니다.

약 ( )분 후 도착할 예정이며, 자세한 사항은 다시 알려드리겠습니다.

감사합니다.

안내 말씀 드리겠습니다.
[안:내][말:씀][드리게씀니다]

( ) 공항의 짙은 안개로 착륙이 불가능합니다.
[지튼] [창뉵]

우리 비행기는 ( ) 공항에 임시 착륙하겠습니다.
[창뉵]

약 ( )분 후 도착할 예정이며,∨ 자세한 사항은 다시 알려드리겠습니다.
[도:차칼] [예:정] [사:항]

감사합니다.

발음 시 유의사항

- 주의할 발음
  - ▶ 도착할, 예정, 사항 : 장모음 발음에 유의
  - ▶ 착륙=[창뉵]으로 정확하게 발음하도록 유의
  - ▶ 짙은=[지튼]으로 정확하게 발음하도록 유의

Ladies and gentlemen,

Due to dense fog at (목적지 공항명) airport, it has been impossible for us to land.

We will try our best to take you to your destination as soon as possible and give you further information.

Thank you.

Ladies⁀and gentlemen,/

Due to dense fog at (목적지 공항명) airport,/ it has been impossible for⁀us to land./

impossible [impάsəbl] 2음절 강세

We will try our best⁀to take⁀you to your destination as soon as possible/

destination [dèstənéiʃən] 3음절 강세

and give⁀you further information./

further [fə́:rðər] [r/ð]발음 유의

information [ìnfərméiʃən] 3음절 강세

Thank⁀you./

억양

Ladies and gentlemen,/
Due to dense fog at (목적지 공항명) airport,/ it has been impossible for us to land./
We will try our best to take you to your destination as soon as possible/ and give you further information./
Thank you./

회항(Diversion) 단어 발음 연습

단 어	발 음	뜻	단 어	발 음	뜻
dense	[dens]	짙은	fog	[fɔːg]	안개
impossible	[impάsəbl]	불가능한	destination	[dèstənéiʃən]	목적지
as soon as	[æz suːn æz]	~하자마자	possible	[pάsəbl]	가능한
further	[fəːrðər]	좀 더	information	[ìnfərméiʃən]	정보

5 선회(Circling)

안내 말씀 드리겠습니다.

(　　) 공항에 이착륙하는 항공기가 많아 공항 상공을 선회하고 있습니다.

공항 관제탑으로부터 착륙 허가를 받는 대로 곧 착륙하겠습니다.

감사합니다.

안내 말씀 드리겠습니다.
[안:내][말:씀][드리게씀니다]

(　　) 공항에 이착륙하는 항공기가 많아∨ 공항 상공을 선회하고 있습니다.
[이:창뉵] [상:공]

공항 관제탑으로부터∨ 착륙 허가를 받는 대로∨ 곧 착륙하겠습니다.
[창뉵] [창뉵]

감사합니다.

발음 시 유의사항

- 주의할 발음
  - ▶ 공항, 항공기, 허가 : 'ㅎ' 발음에 유의
  - ▶ 관제탑 : 이중모음 발음에 유의

Ladies and gentlemen,

We're now circling around the airport due to the heavy air traffic at

_________ airport.

We will land right after we get the landing permission from the air traffic

control tower.

Thank you.

Ladies⌒and gentlemen,/

We're now circling around⌒the airport/ due to the heavy air traffic at

[sə́:rkliŋ] 써크링(×), [l]발음 유의

[trǽfik] 트래픽(×), 츄뤠fik(○)

____________ airport./

We will land right after we get the landing permission/ from the air traffic

[pərmíʃən] 2음절 강세

control tower./

[kəntróul] [ou]이중모음, 2음절 강세

Thank⌒you./

억양

Ladies and gentlemen,/
We're now circling around the airport/ due to the heavy air traffic at
____________ airport./
We will land right after we get the landing permission/ from the air traffic
control tower./
Thank you./

선회(Circling) 단어 발음 연습

단어	발음	뜻	단어	발음	뜻
circling	[sə́:rkliŋ]	선회하는	around	[əráund]	주변의
heavy	[hévi]	무거운, 심한	traffic	[trǽfik]	교통량
permission	[pərmíʃən]	허가	control	[kəntróul]	통제

NCS 기반

항공 기내방송 업무

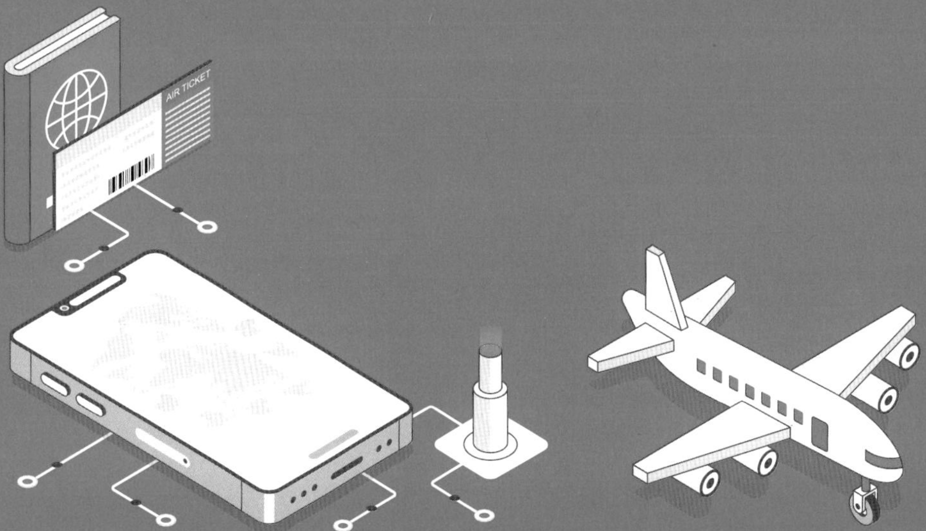
AIR TICKET

Chapter 6

중국어 방송의 기법 및 방송문

Chapter 6

중국어 방송의 기법 및 방송문

1 한어(hànyǔ, 汉语)

중국인들은 중국어를 '한어(hànyǔ, 汉语)' 라고 부릅니다. '한어'란 '한족이 쓰는 언어'란 뜻으로 보통 표준어를 지칭하는 의미로 사용됩니다. 방언과 구별하여 표준어를 지칭할 경우에는 '보통화(pǔtōnghuà, 普通话)' 라는 명칭을 씁니다. 우리가 배우는 중국어가 바로 보통화 입니다.

2 간체자

중국에서는 한자를 쉽게 배우고 익힐 수 있게 하기 위해서 간략화한 한자를 쓰고 있는데, 이것을 '간체자(jiǎntǐzì, 简体字)'라고 합니다.

漢語 → 汉语

車	書	無	門
↓	↓	↓	↓
车	书	无	门

3 발음

뜻 글자인 한자를 쓰기 때문에 발음을 표기할 별도의 방법이 필요합니다. 현재 중국에서는 알파벳을 사용해 중국어의 발음을 표기하고 있습니다. 알파벳을 사용하여 성모, 운모, 성조를 모두 표시한 발음 표기법을 한어병음방안(hànyǔ pīnyīn fāng'àn, 汉语拼音方案)이라고 합니다. 영어와 같은 로마자로 표기하지만 실제 발음은 영어와 많이 다르므로 주의해야 합니다.

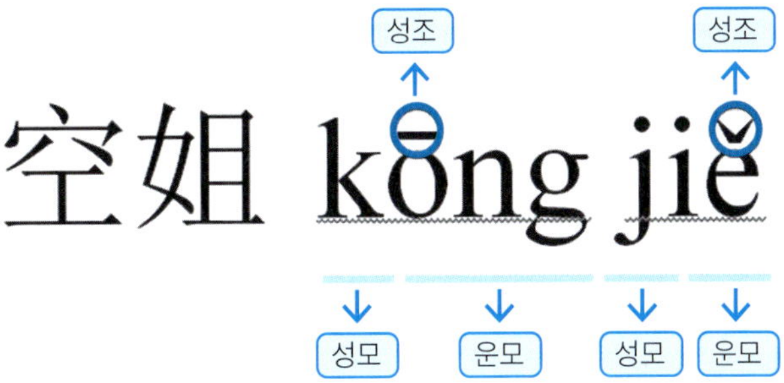

1 성 모

중국어의 음절에서 첫머리에 오는 자음 - 21개

예 nin hao

b(o)	p	m	f
d	t	n	l
g	k	h	
j	q	x	
z	c	s	
zh	ch	sh	r

2 운 모

❶ 중국어의 음절에서 성모를 제외한 나머지 부분 - 36개

예 ni hao

❷ 운모는 모음과 자음으로 이루어지기도 하며 음절의 끝자음은 우리말의 받침에 해당합니다.

예 zhuang xian hong

a	o	e	i	u	ü			
ai	ao	ou	an	ang	ei	en	eng	ong
ia	ie	in	iao	iou	ian	iang	ing	iong
ua	uo	uai	uei	uan	uen	uang	ueng	
üe	ün	üan	er					

4 발음 연습

1 성모 연습

❶ 순음 : 윗입술과 아랫입술을 붙였다가 떼면서 내는 소리

순 음	b(o)	p(o)	m(o)
발 음	[뽀어]	[포어]	[모어]
예	**b**ō luó	**p**í jiǔ	**m**iàn bāo

❷ 순치음 : 윗니를 아랫입술에 붙여 그 사이의 공기를 마찰시켜 내는 소리, 영어의 f 발음

순치음	f(o)
발음	영어의 f 발음 + 오어 [f오어]
예	**f**àng / bàn **f**àn

❸ 설첨음 : 혀끝을 윗니 뒤쪽에 대었다가 떼면서 내는 소리

설첨음	d(e)	t(e)	n(e)	l(e)
발음	[뜨어]	[트어]	[느어]	[르어]
예	**d**à lián	**t**iān jīn	jǐ **n**án	**l**ún dūn

❹ 설근음 : 혀 안쪽을 목젖 가까이 붙였다 떼면서 내는 소리

설근음	g(e)	k(e)	h(e)
발음	[끄어]	[크어]	[흐어]
예	**g**ěi	**k**ě lè	**h**ē

❺ **설면음** : 입을 양 옆으로 길게 벌리고 혓바닥과 입천장이 닿으면서 내는 소리

설면음	j(i)	q(i)	x(i)
발음	[지이]	[치이]	[시이]
예	dēng **jī**	**q**ǐng	yí**x**ià

❻ **권설음** : 혀의 중간이 입천장에 닿기 전까지 말아 올린 후 입 모양과 혀 위치를 유지한 채 내는 소리 / r은 영어의 r 발음과 비슷함

권설음	zh(i)	ch(i)	sh(i)	r(i)
발음	[즈]	[츠]	[스]	[르]
예	**zhè**	**chī**	**shì**	**rì** yuán

❼ **설첨전음** : 혀끝을 윗니 안쪽에 붙였다 떼면서 내는 소리

설첨전음	z(i)	c(i)	s(i)
발음	[쯔]	[츠]	[쓰]
예	hái **zi**	**c**ān	**s**ì

2 운모 연습

❶ **단운모** : 한 개의 모음으로 이루어진 운모

단운모	a[아]	o[오어]	E[으어]	i[이]	u[우]	ü[위]
예	mā ma	pò	hē	jī	fù	lǜ chá

❷ **복운모** : 두 개의 모음으로 이루어진 운모 / 앞쪽의 모음은 길게, 뒤쪽의 모음은 짧게 소리 냄

복운모	ai[아이]	ei[에이]	ao[아오]	ou[어우]
예	zài	méi	hǎo	zǒu

❸ **비운모** : 콧소리가 나는 음인, n/ng과 결합하여 만들어진 운모

비운모	an[안]	en[으언]	ang[앙]	eng[으엉]	ong[옹]
예	ān quán	wǒ men	máng	kě néng	Zhōng guó

❹ **권설운모** : 혀끝을 말아 올려 경구개에 가까이 대고 발음하는 운모 / 우리말의 '얼'처럼 발음한다.

권설운모	er
예	èr / ěr jī

❺ **결합운모** : 두 개의 모음이 합쳐져 이중 모음의 소리가 나는 것으로, 앞쪽의 모음은 짧게, 뒤쪽의 모음은 길게 소리 낸다.

	i(Y) 결합운모	u(W) 결합운모	ü(YU) 결합운모
	• i + a → ya[이아] • i + e → ye[이에] • i + ao → yao[이아오] • i + ou(iu) → you[이오우] • i + an → yan[이엔] • i + en → yin[인] • i + ang → yang[이앙] • i + eng → ying[잉] • i + ong → yong[이옹]	• u + a → wa[우아] • u + o → wo[우어] • u + ai → wai[우아이] • u + ei (ui) → wei[우에이] • u + an → wan[우안] • u + en(un) → wen[운] • u + ang → wang[우앙] • u + eng → weng[우엉]	• ü + e → yue[위에] • ü + an → yuan[위엔] • ü + en → yun[윈]
예	nàbiān / yǐn liào	wán le / huān yíng	měi yuán / yùn dòng
운모 규칙	성모 없이 i로 시작하는 운모는 i → y로 표기한다. 단 in, ing은 i → yi로 표기한다. iou 앞에 성모가 올 때는 'iu'로 표기한다.	성모 없이 u로 시작하는 운모는 u → w로 표기한다. uei와 uen 앞에 성모가 올 때는 각각 'ui', 'un'으로 표기한다.	ü 앞에 성모 j, q, x가 오면 u로 표기하며 발음은 ü[위] 예 qù, yóu jú, xū yào
	운모 i, u, ü가 단독으로 쓰일 때는 yi, wu, yu로 표기한다.		

3 성모와 운모의 결합

❶ an[안] vs -ian[이앤]의 발음 비교

an[안]	an[안]	ban[빤]	dan[딴]	pan[판]	tan[탄]
ian[이앤]	yan[이앤]	bian[비앤]	dian[띠앤]	pian[피앤]	tian[티앤]

❷ uan의 발음 변화

j, q, x, y + uan[위엔]	yuan	juan	quan	xuan
	위엔	쥐엔	취엔	쉬엔
기타성모 + uan[우안]	huan	tuan	zhuan	chuan
	후안	투안	쭈안	추안

❸ i 발음 변화

zi	ci	si	zhi	chi	shi	ri
쯔	츠	스	쯔으	츠으	스으	르으

5 성 조

1 성조란?

중국어는 음절 하나하나마다 높낮이가 다른데, 이 높낮이의 변화를 성조 라고 합니다. 발음이 같아도 성조가 다르면 뜻이 완전히 달라집니다.

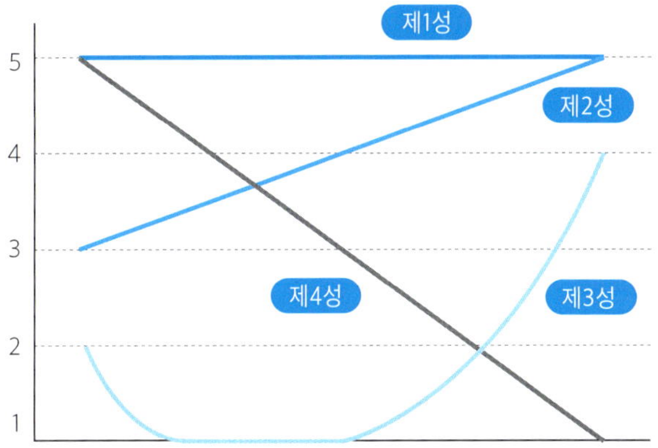

성조유형	표기법	발음 방법	예 문
제1성	ā	처음부터 끝까지 높고 평평하게 발음	妈 mā 엄마 / 飞机 fēi jī 비행기
제2성	á	낮은 음에서 높은 음으로 끌어올리며 발음	麻 má 삼베 (마) / 柠檬 níng méng 레몬
제3성	ǎ	가장 낮은 음으로 내렸다가 살짝 끝은 올려 발음	马 mǎ 말 / 请 qǐng 영어의 please
제4성	à	높은 음에서 낮은 음으로 끌어내리며 발음	骂 mà 욕하다, 꾸짖다 / 这 zhè 이, 이것
경성	–	짧고 가볍게 발음	吗 ma 의문조사 / 杯子 bēi zi 잔

2 성조 표기 규칙

❶ 성조는 운모 위에 표기합니다.

예 他 tā 能 néng

❷ 운모가 두 개 이상일 경우 발음할 때 입을 가장 크게 벌리는 운모 위에 표기합니다.

a ＞ o ＝ e ＞ i ＝ u ＝ ü

예 好 hǎo 没 méi 走 zǒu

❸ i, u가 함께 있을 때는 뒤에 오는 운모에 표기합니다.

예 就 jiù 对 duì 会 huì

❹ i 위에 성조를 표기할 때는 위의 점을 없애고 성조만 표기합니다.

예 nǐ 最 zuì

3 성조 변화

❶ 一 [yī]의 성조 변화

一 [yī] +	1, 2, 3성 → 4성으로 변화	예 一起 yì qǐ / 一杯 yì bēi / 一天 yì tiān
	4성 → 2성으로 변화	예 一共 yí gòng 一块 yí kuài

❷ 不 [bù]의 성조 변화

不 [bù] +	1, 2, 3성 → 원래의 4성	예 不好 bù hǎo / 不来 bù lái / 不喝 bù hē
	4성 → 2성으로 변화	예 不是 bú shì / 不客气 bú kèqi / 不要 bú yào

❸ 3성의 성조변화

제 3성 + 제 3성	제 2성 +제 3성	예 你好 nǐhǎo 很好 hěn hǎo
제 3성 + 제 1, 2, 4성과 경성	반 3성 + 제 1, 2, 4성과 경성	예 你们 nǐ men 很大 hěn dà

※ 반 3성 : 3성의 성조가 아래로 내려가기만 하고 올라가지 않게 발음함
3성의 성조 변화 : 성조표기는 변하지 않으며 발음만 변함

❹ 경성

가볍고 짧게 발음되는 성조로 일정한 높이를 갖고 있지 않으며 앞에 오는 음절의 높이에 따라 음의 높이가 달라집니다. 별도의 성조 표기는 하지 않습니다.

제1성 뒤

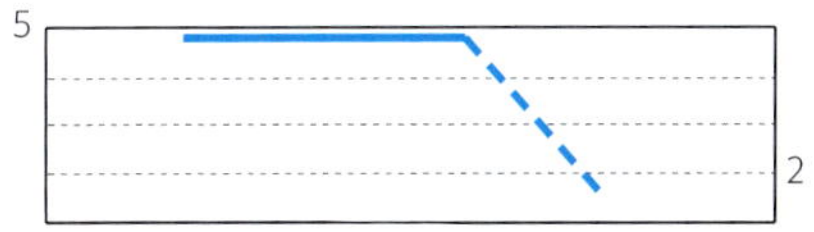

예 māma

제2성 뒤

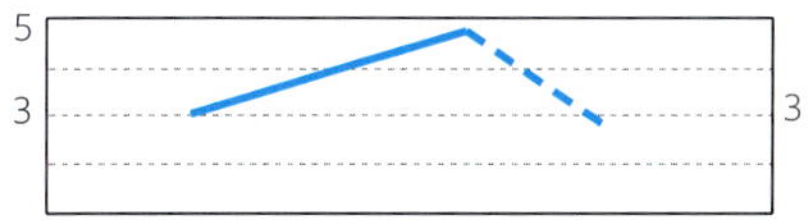

예 yéye

제3성 뒤

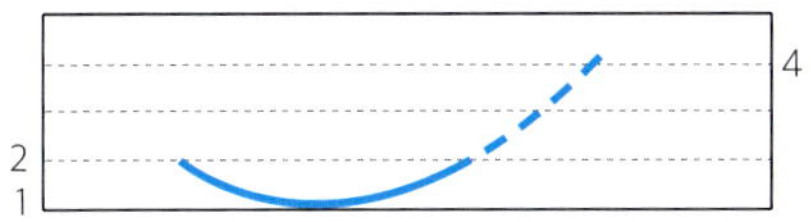

예 nǎinai

제4성 뒤

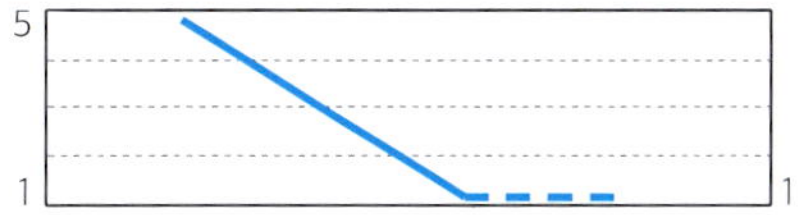

예 bàba

- 이름, 지명 등 특수한 성조의 변화 : 세 글자로 된 인명 혹인 지명에서 두 번째 글자는 경성으로 읽어준다.

  ▶ 东大门【dōngdàmén】→【dōngdamén】

  ▶ 哈尔滨【hā'ěrbīn】→【hā'erbīn】

4 한어병음표

		단운모							권설운모
		a 아	o 오어	e 으어	i 이	-i 으	u 우	ü 위	er 얼
순음	b 뽀어	ba 빠	bo 뽀어		bi 삐		bu 뿌		
	p 포어	pa 파	po 포어		pi 피		pu 푸		
	m 모어	ma 마	mo 모어	me 므어	mi 미		mu 무		
순치음	f 포어	fa 파	fo 포어				fu 푸		
설첨음	d 뜨어	da 따		de 뜨어	di 띠		du 뚜		
	t 트어	ta 타		te 트어	ti 티		tu 투		
	n 느어	na 나		ne 느어	ni 니		nu 누	nü 뉘	
	l 르어	la 라		le 르어	li 리		lu 루	lü 뤼	
설근음	g 끄어	ga 까		ge 끄어			gu 꾸어		
	k 크어	ka 카		ke 크어			ku 쿠		
	h 흐어	ha 하		he 흐어			hu 후		
설면음	j 지				ji 지			ju 쥐	
	q 치				qi 치			qu 취	
	x 시				xi 시			xu 쉬	

		단운모							권설운모
		a 아	o 오어	e 으어	i 이	-i 으	u 우	ü 위	er 얼
권설음	zh 즈	zha 쟈		zhe 즈어		zhi 즈	zhu 쥬		
	ch 츠	cha 챠		che 츠어		chi 츠	chu 츄		
	sh 스	sha 샤		she 스어		shi 스	shu 슈		
	r 르			re 르어		ri 르	ru 루		
설첨전음	z 쯔	za 짜		ze 쯔어		zi 쯔	zu 쭈		
	c 츠	ca 차		ce 츠어		ci 츠	cu 추		
	s 쓰	sa 싸		se 쓰어		si 쓰	su 쑤		
		a 아	o 오어	e 으어	yi 이		wu 우	yu 위	er 얼

		복운모				비운모				
		ai 아이	ei 에이	ao 아오	ou 어우	an 안	en 언	ang 앙	eng 엉	ong 옹
순음	b 뽀어	bai 빠이	bei 뻬이	bao 빠오		ban 빤	ben 뻔	bang 빵	beng 뻥	
	p 포어	pai 파이	pei 페이	pao 파오	pou 퍼우	pan 판	pen 펀	pang 팡	peng 펑	
	m 모어	mai 마이	mei 메이	mao 마오	mou 머우	man 만	men 먼	mang 망	meng 멍	
순치음	f 포어		fei 페이		fou 퍼우	fan 판	fen 펀	fang 팡	feng 펑	

		복운모				비운모				
		ai 아이	ei 에이	ao 아오	ou 어우	an 안	en 언	ang 앙	eng 엉	ong 옹
설첨음	d 뜨어	dai 따이	dei 데이	dao 따오	dou 떠우	dan 딴	den 떤	dang 땅	deng 떵	dong 똥
	t 트어	tai 타이		tao 타오	tou 터우	tan 탄		tang 탕	teng 텅	tong 통
	n 느어	nai 나이	nei 네이	nao 나오	nou 너우	nan 난	nen 넌	nang 낭	neng 넝	nong 농
	l 르어	lai 라이	lei 레이	lao 라오	lou 러우	lan 란		lang 랑	leng 렁	long 롱
설근음	g 끄어	gai 까이	gei 게이	gao 까오	gou 꺼우	gan 깐	gen 껀	gang 깡	geng 껑	gong 꽁
	k 크어	kai 카이	kei 케이	kao 카오	kou 커우	kan 칸	ken 컨	kang 캉	keng 컹	kong 콩
	h 흐어	hai 하이	hei 헤이	hao 하오	hou 허우	han 한	hen 헌	hang 항	heng 헝	hong 홍
설면음	j 지									
	q 치									
	x 시									
권설음	zh 즈	zhai 쟈이	zhei 졔이	zhao 쟈오	zhou 져우	zhan 쟌	zhen 젼	zhang 쟝	zheng 졍	zhong 죵
	ch 츠	chai 챠이		chao 챠오	chou 쳐우	chan 챤	chen 쳔	chang 챵	cheng 쳥	chong 춍
	sh 스	shai 샤이	shei 셰이	shao 샤오	shou 셔우	shan 샨	shen 션	shang 샹	sheng 셩	
	r 르			rao 라오	rou 러우	ran 란	ren 런	rang 랑	reng 렁	rong 롱

		복운모				비운모				
		ai 아이	ei 에이	ao 아오	ou 어우	an 안	en 언	ang 앙	eng 엉	ong 옹
설첨전음	z 쯔	zai 짜이	zei 쩨이	zao 짜오	zou 쩌우	zan 짠	zen 쩐	zang 짱	zeng 쩡	zong 쫑
	c 츠	cai 차이		cao 차오	cou 처우	can 찬	cen 천	cang 창	ceng 청	cong 총
	s 쓰	sai 싸이		sao 싸오	sou 써우	san 싼	sen 썬	sang 쌍	seng 썽	song 쏭
		ai 아이	ei 에이	ao 아오	ou 어우	an 안	en 언	ang 앙	eng 엉	ong 옹

		결합운모(i + 운모)								
		ia 이아	ie 이에	iao 이아오	iou(iu) 이어우	ian 이엔	in 인	iang 이앙	ing 잉	iong 이옹
순음	b 뽀어		bie 삐에	biao 삐아오		bian 삐엔	bin 삔		bing 삥	
	p 포어		pie 피에	piao 피아오		pian 피엔	pin 핀		ping 핑	
	m 모어		mie 미에	miao 미아오	miu 미어우	mian 미엔	min 민		ming 밍	
순치음	f 포어									
설첨음	d 뜨어		die 띠에	diao 띠아오	diu 띠어우	dian 띠엔			ding 띵	
	t 트어		tie 티에	tiao 티아오		tian 티엔			ting 팅	
	n 느어		nie 니에	niao 니아오	niu 니어우	nian 니엔	nin 닌	niang 니앙	ning 닝	
	l 르어	lia 리아	lie 리에	liao 리아오	liu 리어우	lian 리엔	lin 린	liang 리앙	ling 링	

		결합운모(i + 운모)								
		ia 이아	ie 이에	iao 이아오	iou(iu) 이어우	ian 이엔	in 인	iang 이앙	ing 잉	iong 이옹
설근음	g 끄어									
	k 크어									
	h 흐어									
설면음	j 지	jia 지아	jie 지에	jiao 지아오	jiu 지어우	jian 지엔	jin 진	jiang 지앙	jing 징	jiong 지옹
	q 치	qia 치아	qie 치에	qiao 치아오	qiu 치어우	qian 치엔	qin 친	qiang 치앙	qing 칭	qiong 치옹
	x 시	xia 시아	xie 시에	xiao 시아오	xiu 시어우	xian 시엔	xin 신	xiang 시앙	xing 싱	xiong 시옹
권설음	zh 즈									
	ch 츠									
	sh 스									
	r 르									
설첨 전음	z 쯔									
	c 츠									
	s 쓰									
		ya 야	ye 예	yao 야오	you 여우	yan 옌	yin 인	yang 양	ying 잉	yong 용

		결합운모(u + 운모)								결합운모 (ü+ 운모)		
		ua 우아	uo 우어	uai 우아이	uei(ui) 우에이	uan 우안	uen(un) 우언	uang 우앙	ueng 우엉	üe 위에	üan 위엔	ün 윈
순음	b 뽀어											
	p 포어											
	m 모어											
순치음	f 포어											
설첨음	d 뜨어		duo 뚜어		dui 뚜에이	duan 뚜안	dun 뚠					
	t 트어		tuo 투어		tui 투에이	tuan 투안	tun 툰					
	n 느어		nuo 누어			nuan 누안				nüe 뉘에		
	l 르어		luo 루어			luan 루안	lun 룬			lüe 뤼에		
설근음	g 끄어	gua 꾸아	guo 꾸어	guai 꾸아이	gui 꾸이	guan 꽌	gun 꾼	guang 꾸앙				
	k 크어	kua 쿠아	kuo 쿠어	kuai 쿠아이	kui 쿠이	kuan 콴	kun 쿤	kuang 쿠앙				
	h 흐어	hua 후아	huo 후어	huai 후아이	hui 후이	huan 환	hun 훈	huang 후앙				
설면음	j 지									jue 쥐에	juan 쥐엔	jun 쥔
	q 치									que 취에	quan 취엔	qun 췬
	x 시									xue 쉬에	xuan 쉬엔	xun 쉰

		결합운모(u + 운모)								결합운모 (ü+ 운모)		
		ua 우아	uo 우어	uai 우아이	uei(ui) 우에이	uan 우안	uen(un) 우언	uang 우앙	ueng 우엉	üe 위에	üan 위엔	ün 윈
권설음	zh 즈	zhua 쥬아	zhuo 쥬어	zhuai 쥬아이	zhui 쥬이	zhuan 쥬안	zhun 쥰	zhuang 쥬앙				
	ch 츠	chua 츄아	chuo 츄어	chuai 츄아이	chui 츄이	chuan 츄안	chun 츈	chuang 츄앙				
	sh 스	shua 슈아	shuo 슈어	shuai 슈아이	shui 슈이	shuan 슈안	shun 슌	shuang 슈앙				
	r 르	rua 루아	ruo 루어		rui 루이	ruan 루안	run 룬					
설첨 전음	z 쯔		zuo 쭈어		zui 쭈이	zuan 쭈안	zun 쭌					
	c 츠		cuo 추어		cui 추이	cuan 추안	cun 춘					
	s 쓰		suo 쑤어		sui 쑤이	suan 쑤안	sun 쑨					
		wa 와	wo 워	wai 와이	wei 웨이	wan 완	wen 원	wang 왕	weng 웡	yue 위에	yuan 위엔	yun 윈

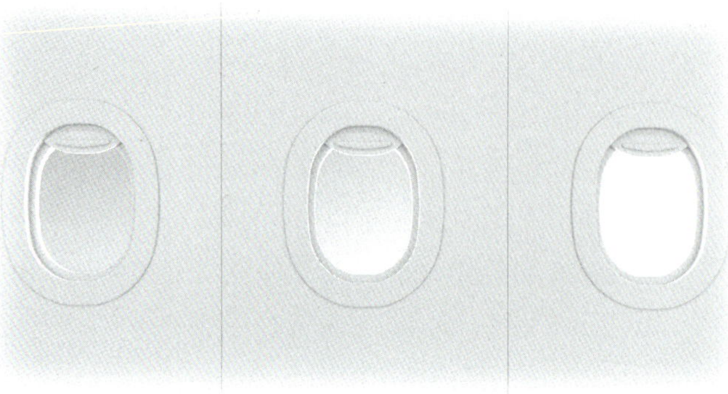

6 시간과 관련된 중국어 표현

1 시간대를 구분하는 표현

아 침	오 전	정 오	오 후	저 녁
早上 zǎo shang	上午 shàng wǔ	中午 zhōng wǔ	下午 xià wǔ	晚上 wǎn shang

2 시각을 표현하는 방법

yī	diǎn	èr shí	fēn
一	点	二十	分
1	시	20	분

- '一 yī' 가 숫자 1을 의미하는 경우 성조가 변하지 않습니다.
- 10분 미만의 경우 숫자 앞에 零을 덧붙여 零一分(1분), 零七分(7분) 등과 같이 표현하기도 합니다.
- 두시는 '二点 èr diǎn'이 아니라 '两点 liǎng diǎn'으로 표현합니다.
- 15분, 45분은 [刻 kè] 단위를 사용하여 표현할 수 있으며, 30분은 [半 bàn] 단위로도 표현할 수 있습니다.

yí kè
一刻 (十五分)

bàn
半 (三十分)

sān kè
三刻 (四十五分)

3 시간의 단위와 정도를 나타내는 표현

'한 시간, 두 시간, 세 시간'과 같이 시간의 흐름 정도를 나타낼 때는 숫자 + 小时(xiǎoshí) + 분 分(fēn)로 표현하며, 비행시간을 말할 때 사용할 수 있습니다.

한 시간	一个小时 yí ge xiǎoshí	한 시간 반	一个半小时 yí ge bàn xiǎoshí
두 시간	两个小时 liǎng ge xiǎoshí	두 시간 사십 분	两个小时四十分 liǎng ge xiǎoshísìshífēn
세 시간	三个小时 sān ge xiǎoshí	세 시간 이십 분	三个小时二十分 sān ge xiǎoshíèrshífēn
네 시간	四个小时 sì ge xiǎoshí	네 시간 오 분	四个小时五分 sì ge xiǎoshíwǔfēn
다섯 시간	五个小时 wǔ ge xiǎoshí	다섯 시간 십 분	五个小时十分 wǔ ge xiǎoshíshífēn
일곱 시간	七个小时 qī ge xiǎoshí	일곱 시간 오십 분	七个小时五十分 qī ge xiǎoshíwǔshífēn
열한 시간	十一个小时 shíyī ge xiǎoshí	열한 시간 사십 오 분	十一个小时四十五分 shíyī ge xiǎoshísìshíwǔfēn
열세 시간	十三个小时 shísān ge xiǎoshí	열세 시간 이십 사 분	十三个小时二十四分 shísān ge xiǎoshíèrshísìfēn

▶ 30분, 반을 나타내는 [半 bàn] 단위가 사용되는 경우는 숫자 + 个(ge) + 半(bàn) + 小时(xiǎoshí) 순서로 표현한다.

7 중국어 방송문

1 탑승안내 및 수하물 안내(Baggage securing)

손님 여러분:

중국 동방항공에 탑승하신 것을 환영합니다. 좌석번호는 오버헤드빈 아래에 있으며, 지정된 좌석에 착석하여 주시기 바랍니다. 가지고 계신 짐은 객실 통로나 비상구에 놓지 마시고 오버헤드빈 상단에 놓아주시기 바랍니다. 감사합니다.

女士们,　先生们：
nǚshìmen,　xiānshengmen :
숙녀　신사 여러분(=ladies and gentlemen)

欢迎　乘坐　【中国东方航空】　班机，
huānyíng　chéngzuò　【zhōngguódōngfāng hángkōng】　bānjī
환영하다　탑승을　중국 동방항공(항공사 명)　항공편

请　您　对号入座，　您的　座位号吗　位于　行李架　下方。
qǐng　nín　duìhàorùzuò，　nínde　zuòwèihàoma　wèiyú　xínglijià　xiàfāng。
(경어)　당신　지정석에 앉다　당신의　좌석번호　~에 위치하다　오버헤드빈　아래

请　将　您的　行李　放在　行李架上，
qǐng　jiāng　nínde　xíngli　fàngzài　xínglijiàshàng ,
(경어)　부탁하다　당신의　짐을　놓다　오버헤드빈 위에

请　不要　放在　客舱通道　和　紧急出口处。
qǐng　búyào　fàngzài　kècāngtōngdào　hé　jǐnjíchūkǒuchù。
(경어)　~해서는 안됩니다　~에 놓다　객실 통로　그리고　비상구

탑승안내 및 수화물 안내(Baggage securing) 읽어보기

女士们, 先生们 :

nǚshìmen, xiānshengmen :

欢迎乘坐【中国东方航空】班机 ,

huānyíng chéngzuò 【zhōngguódōngfāng hángkōng】bānjī

请您对号入座, 您的座位号吗位于行李架下方。

qǐng nín duìhàorùzuò, nínde zuòwèihàoma wèiyú xínglijià xiàfāng。

请将您的行李放在行李架上 ,

qǐng jiāng nínde xíngli fàngzài xínglijiàshàng ,

请不要放在客舱通道和紧急出口处。

qǐng búyào fàngzài kècāngtōngdào hé jǐnjíchūkǒuchù。

2 탑승 환영(Welcome)

손님 여러분 안녕하십니까!

북경까지 가는 동방항공 5662편에 탑승하신 것을 진심으로 환영합니다. 목적지인 베이징 수도 국제공항까지의 비행시간은 이륙 후 2시간 입니다. 이 항공편의 기장을 비롯한 저희 승무원들은 여러분들의 편안하고 즐거운 여행을 위해 정성껏 모시겠습니다. 도움이 필요하시면 언제든지 불러 주십시오. 감사합니다.

尊敬的　女士们,　先生们：

zūnjìng de　nǚshìmen,　xiānshengmen

존경하는　숙녀　신사 여러분(=ladies and gentlemen)

你们好！　欢迎　您乘坐中国东方航空(항공사명)　5662次 航班

nǐmen hǎo,　huānyíng　nínchéngzuò zhōngguódōngfānghángkōng　5662cìhángbān

안녕하십니까　환영하다　동방항공에 탑승하신 것을　5662 항공편

前往北京。

qiánwǎngběijīng。

북경까지 가는

抵达目的地　北京首都国际机场(공항명칭)的　空中飞行时间　是

dǐdámùdìdì　běijīngshǒudū guójìjīchǎngde　kōngzhōngfēixíngshíjiān　shì

목적지인　베이징 수도 국제공항까지의　비행 시간은　입니다

两个小时。

liǎngge xiǎoshí。

2시간

本次航空的　机长,　全体机组人员　将精诚合作

běncìhángkōngde　jīzhǎng,　quántǐ jīzǔrényuán　jiāng jīngchéng hézuò

이 항공편의　기장　승무원들은　정성을 다해 협조하다

为您带来轻松愉快的旅途,　如果需要帮助　请随时联系我们。

wèiníndàilái qīngsōng yúkuàide lǚtú,　rúguǒ xūyào bāngzhù　qǐng suíshíliánxìwǒmen。

당신의 편안하고 즐거운 여행을 위해　도움이 필요하시면　언제든지 불러 주십시오.

谢谢!

xièxie

감사합니다.

탑승 환영(Welcome) 읽어보기

尊敬的女士们, 先生们:

zūnjìng de nǚshìmen, xiānshengmen

你们好! 欢迎您乘坐中国东方航空 5662次航班前往北京。

nǐmen hǎo, huānyíng nínchéngzuò zhōngguódōngfānghángkōng

5662cì hángbān qiánwǎngběijīng。

抵达目的地北京首都国际机场(공항명칭)的空中飞行时间是两个小时。

dǐdámùdìdì běijīngshǒudū guójìjīchǎngde kōngzhōngfēixíngshíjiān shì

liǎngge xiǎoshí。

本次航空的机长, 全体机组人员将精诚合作

běncìhángkōngde jīzhǎng, quántǐ jīzǔrényuán jiāng jīngchéng hézuò

为您带来轻松愉快的旅途,

wèiníndàilái qīngsōng yúkuàide lǚtú,

如果需要帮助请随时联系我们。

rúguǒ xūyào bāngzhù qǐng suíshíliánxìwǒmen。

谢谢!

xièxie

3 승객 안전 브리핑(Safety Demonstration)

손님 여러분,

지금부터 안전에 관한 안내 비디오를 상영하겠습니다. 주목해 주시기 바랍니다.

감사합니다.

女士们， 先生们:
nǚshìmen, xiānshengmen:
숙녀 신사 여러분(=ladies and gentlemen)

现在 我们 为您 放映 "安全须知" 录像，
xiànzài wǒmen wèinín fàngying "ānquán xūzhī" lùxiàng,
지금 우리는 당신을 위해 상영하다 안전규정(safety-demo) 비디오

请 注意 收看。 谢谢!
qǐng zhùyì shōukàn。 xièxie
(경어) 주의하다 시청하다 감사합니다

승객 안전 브리핑(Safety Demonstration) 읽어보기

女士们, 先生们:

nǚshìmen, xiānshengmen:

现在我们为您放映 "安全须知" 录像,

xiànzài wǒmen wèinín fàngyìng "ānquán xūzhī" lùxiàng,

请注意收看。谢谢!

qǐng zhùyì shōukàn。 xièxie

4 좌석벨트 상시 착용(Seatbelt sign off)

손님여러분,

방금 좌석벨트 표시등이 꺼졌습니다. 그러나 기류변화로 비행기가 갑자기 흔들릴 수 있으니 자리에 앉아 계실 때는 좌석벨트를 항상 매 주시기 바랍니다. 선반을 여실 때는 안에 있는 짐들이 떨어지지 않도록 주의해 주십시오. 지금부터 노트북 컴퓨터 등의 전자기기를 사용하실 수 있습니다. 보다 자세한 사항은 앞 좌석 주머니 속 기내잡지를 참고하시기 바랍니다. 감사합니다.

女士们，	先生们：
nǚshìmen,	xiānshengmen :
숙녀	신사 여러분(=ladies and gentlemen)

机长	已经	把安全带的指示灯	关闭，	但是	随着	气流的变化，
jīzhǎng	yǐjīng	bǎānquándàidezhǐshìdēng	guānbì,	dànshì	suízhe	qìliúdebiànhuà
기장	이미	좌석벨트 표시등을	껐습니다	그러나	~ 따라	기류 변화

飞机	可能会出现	突然	颠簸,
fēijī	kěnéng huìchūxiàn	tūrán	diānbǒ,
비행기	발생할 수 있다	갑자기	흔들리다

为了您的安全	请您在座位上	系上您的安全带,
wèi le nín de ānquán	qǐngnínzàizuòwèishàng	jìshàngníndeānquándài,
당신의 안전을 위해	좌석에 앉아	좌석벨트를 매 주시고

在打开行李架时	请小心,	以免	行李滑落,
zài dǎkāi xínglijiàshí	qǐngxiǎoxīn,	yǐmiǎn	xíngli huáluò
오버헤드빈을 여실 때는	조심하십시오	~하지 않도록	짐이 떨어지지

现在	您可以使用	笔记本电脑	等物品,
xiànzài	nínkěyǐshǐyòng	bǐjìběndiànnǎo	děngwùpǐn,
지금	당신은 사용할 수 있다	노트북 컴퓨터	등의 물품들을

如果 需要 获得 更多 资讯, 请您参阅 座椅前面
rúguǒ xūyào huòdé gèngduō zīxùn, qǐng nín cānyuè zuòyǐ qiánmiàn
만약 필요하다 얻다 더 많은 정보 참고하시기 바랍니다 좌석 앞

口袋里的 机上杂志。
kǒudài lǐ de jīshàng zázhì。
주머니 속의 기내 잡지

谢谢!
xièxie
감사합니다.

좌석벨트 상시 착용(Seatbelt sign off) 읽어보기

女士们, 先生们 :

nǚshìmen, xiānshengmen:

机长已经把安全带的指示灯关闭,

jīzhǎng yǐjīng bǎānquándàidezhǐshìdēng guānbì,

但是随着气流的变化,

dànshì suízhe qìliúdebiànhuà

飞机可能会出现突然颠簸,

fēijī kěnéng huìchūxiàn tūrán diānbǒ,

为了您的安全请您在座位上系上您的安全带,

wèi le nín de ānquán qǐngnínzàizuòwèishàng jìshàngníndeānquándài,

在打开行李架时请小心, 以免行李滑落,

zài dǎkāi xínglijiàshí qǐngxiǎoxīn, yǐmiǎn xíngli huáluò

现在您可以使用笔记本电脑等物品,

xiànzài nínkěyǐshǐyòng bǐjìběndiànnǎo děngwùpǐn,

如果需要获得更多资讯,

rúguǒ xūyào huòdé gèngduō zīxùn,

请您参阅座椅前面口袋里的机上杂志。

qǐng nín cānyuè zuòyǐ qiánmiàn kǒudài lǐ de jīshàng zázhì。

谢谢!

xièxie

5 착륙(Landing)

손님 여러분,

이 비행기는 곧 착륙하겠습니다. 자리에 앉아 좌석벨트를 매 주시고 테이블을 제자리로 해주십시오. 좌석등받이는 세워주시기 바라며, 창가 쪽에 계신 승객께서는 창문덮개를 열어주시기 바랍니다. 아울러 모든 전자기기는 꺼주시기 바랍니다. 협조에 감사 드립니다.

女士们, 先生们：

nǚshìmen, xiānshengmen：

숙녀 신사 여러분(=ladies and gentlemen)

本次航班 很快 就 要着陆。

běncì hángbān hěn kuài jiù yàozhuólù。

이 항공편은 빠르게 곧 착륙하다

请您回原位坐好, 系好安全带, 收起小桌板,

qǐng nín huí yuánwèi zuò hǎo, jìhǎo ānquándài, shōuqǐ xiǎozhuōbǎn,

좌석으로 돌아가 앉아 주시고 좌석벨트를 잘 매시고 테이블을 제자리로 하다

将座椅靠背 调整 到正常位置。

jiāng zuòyǐ kàobèi tiáozhěng dào zhèngcháng wèizhì。

좌석등받이를 조정하다 정상위치로

靠窗边的旅客 将遮光板打开, 并且 关闭

kàochuāng biān de lǚkè jiāng zhēguān bǎn dǎkāi, bìngqiě guānbì

창가 쪽에 계신 승객은 창문덮개를 열어주시고 또한 끄다

所有电子设备

suǒyǒu diànzǐ shèbèi,

모든 전자기기

感谢 您的合作!

gǎnxiè níndehézuò.

감사 드립니다 당신의 협조

착륙(Landing) 읽어보기

女士们, 先生们：

nǚshìmen, xiānshengmen：

本次航班很快就要着陆。

běncì hángbān hěn kuài jiù yàozhuólù。

请您回原位坐好, 系好安全带, 收起小桌板,

qǐng nín huí yuánwèi zuò hǎo, jìhǎo ānquándài, shōuqǐ xiǎozhuōbǎn,

将座椅靠背调整到正常位置。

jiāng zuòyǐ kàobèi tiáozhěng dào zhèngcháng wèizhì。

靠窗边的旅客将遮光板打开,

kàochuāng biān de lǚkè jiāng zhēguānbǎn dǎkāi,

并且关闭所有电子设备

bìngqiě guānbì suǒyǒu diànzǐ shèbèi,

感谢您的合作!

gǎnxiè níndehézuò.

NCS 기반
항공
기내방송 업무

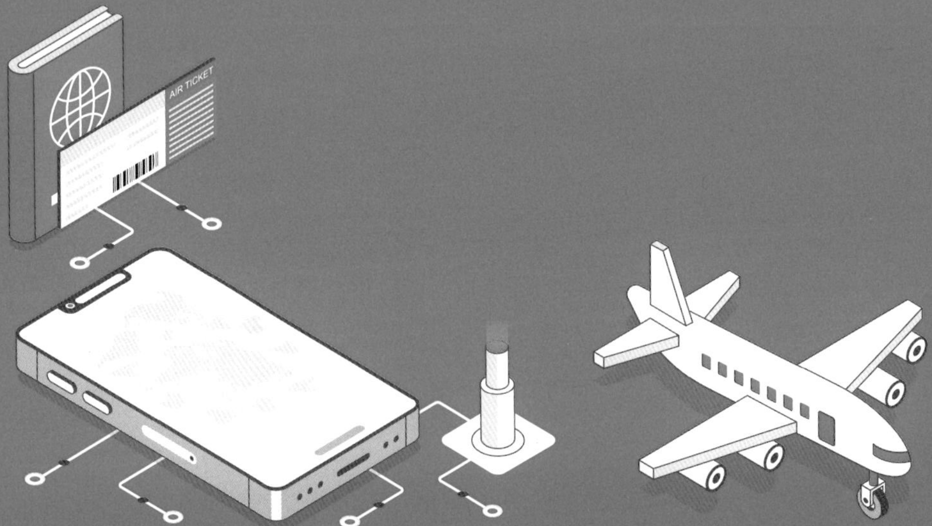
AIR TICKET

APPENDIX

부 록

1 취항지 공항 명칭

1 국외공항

CODE	도시명		공항명
AKL	오클랜드	Auckland	
AMS	암스테르담	Amsterdam	Schiphol
ANC	앵커리지	Anchorage	Ted Stevens
AOJ	아오모리	Aomori	
ATL	아틀란타	Atlanta	Hartsfeld
AXT	아키다	Akita	
BAH	바레인	Bahrain	
BKK	방콕	Bangkok	
BNE	브리지번	Brisbane	
BOM	뭄바이	Mumbai	Chatrapati Shivaji
BOS	보스턴	Boston	Logan
CAI	카이로	Cairo	
CDG	파리	Paris	Charles De Gaulle
CGK	자카르타	Jakata	Soekarno Hatta
CHC	크라이스트처치	Christchurch	
CMB	콜롬보	Colombo	
CTS	삿포로	Sapporo	New Chitose
DEN	덴버	Denver	
DFW	달라스	Dallas	Fortworth
DPS	덴파사	Denpasar	Bali Ngurah Rai
DXB	두바이	Dubai	

CODE	도시명		공항명
EWR	뉴어크	Newwark	
FCO	로마	Rome	Fiumicino
FRA	프랑크 푸르트	Frankfurt	
FUK	후쿠오카	Fukuoka	
GRU	상파울루	Saopaulo	Guarulhos
GUM	괌	Guam	
HIN	하노이	Hamoi	Noibai
HIJ	히로시마	Hiroshima	
HKG	홍콩	Hongkong	
HKT	푸켓	Phuket	
HNL	호놀룰루	Honolulu	
IAD	워싱턴 D.C.	Washington D.C	Dulles
JFK	뉴욕	New York	John F. Kennedy
KIJ	니가타	Nigata	
KIX	오사카	Osaka	Kansai
KMG	쿤밍	Kunming	Wujiaba
KOJ	가고시마	Kagoshima	
KUL	쿠알라룸르	Kuala Lumpur	
LAX	로스엔젤리스	Los Angeles	
LHR	런던	London	Heathrow
MAD	마드리드	Madrid	Barajas
MNL	마닐라	Manila	Ninoy Aquino
NAN	난니	Nadi	
NGO	나고야	Nagoya	
NGS	나가사키	Nagasaki	

CODE	도시명		공항명
NRT	도쿄	Tokyo	Narita
OIT	오이타	Oita	
OKA	오키나와	Okinawa	Naha
OKJ	오카야마	Okayama	
ORD	시카고	Chicago	O'Hare
PEK	베이징	Beijing	Capital
SDJ	센다이	Sendai	
SFO	샌프란시스코	San Francisco	
SGN	호치민	Hochiminh	Tan Sonnhat
SHA	상하이	Shanghai	Pudong
SHE	선양	Shenyang	Taoxian
SIA	시안	Sian	Xianyang
SIN	싱가포르	Singapore	Changi
SPN	사이판	Saipan	
SVO	모스크바	Moscow	Sheremetyevo
SYD	시드니	Sydney	Kingsford Smith
SYX	산야	Sanya	Fenghyang
TAO	칭다오	Qingdao	Liuting
TLV	텔아비브	Tel Aviv	Ben Gurion
TNA	지난	Jinan	Yaoqiang
TPE	타이베이	Taipei	Chiang Kai Shek
TSN	텐진	Tianjin	Binhai
ULN	울란바토르	Ulaan Baatar	Yuyant Ukhha
VIE	비엔나	Vienna	
VVO	블라디보스토크	Vladivostok	

2 국내공항

CODE	지역명	공항 공식명칭
CJJ	청주	청주국제공항
CJU	제주	제주국제공항
GMP	서울	김포국제공항
HIN	진주 / 사천	진주사천공항
ICN	인천	인천국제공항 (서울-인천국제공항:국제선)
KAG	강릉	강릉공항
KPO	포항	포항공항
KUV	군산	군산공항
KWJ	광주	광주공항
MPK	목포	목포공항
MWX	무안	무안공항
PUS	부산	김해국제공항
RSU	여수 / 순천	여수공항
SHO	속초	속초공항
TAE	대구	대구국제공항
USN	울산	울산공항
WJU	원주	원주공항
YEC	예천 / 안동	예천 / 안동공항
YNY	양양	양양국제공항

3 공항명칭 중국어 표현

베이징 수도 국제공항	北京首都国际机场	běijīng shǒudū guójì jīchǎng
상하이 푸동 국제공항	上海浦东国际机场	shànghǎi pǔdōng guójì jīchǎng
하얼빈 타이핑 국제공항	哈尔滨太平国际机场	hā'erbīn tàipíng guójì jīchǎng
칭다오 자오둥 국제공항	青岛胶东国际机场	qīngdǎo jiāodōng guójì jīchǎng
광저우 바이윈 국제공항	广州白云国际机场	guǎngzhōu báiyún guójì jīchǎng
충칭 장베이 국제공항	重庆江北国际机场	chōngqìng jiāngběi guójì jīchǎng
우한 톈허 국제공항	武汉天河国际机场	wǔhàn tiānhé guójì jīchǎng
홍콩 국제공항	香港国际机场	xiānggǎng guójì jīchǎng
김포 국제공항	金浦国际机场	jīnpǔ guójì jīchǎng
인천 국제공항	仁川国际机场	rénchuān guójì jīchǎng

2 비정상 상황 참고 예문

내 용	영 어
항공기 연결	Aircraft connection
일부 승객 기다림	Waiting for some passengers to come on board
필요서류 기다림	Waiting for necessary documents
관제탑의 이륙허가	Take-off clearance from Air Traffic Control
항공기/활주로 제설작업	Clearing snow from (the aircraft/ runway)
화물 탑재/하기	Baggage (loading/ unloading)
항공기 급유	Fueling aircraft
공항혼잡	Airport traffic congestion

내 용	영 어
출국장 혼잡	Congestion of the immigration area
공항 활주로 폐쇄	Closed runway at _____airport
항공기 안전 점검	Technical check of the aircraft
기상조건악화	Bad weather condition
강한 바람	Strong wind
심한 비/눈	Heavy (rain/snow)
짙은 안개/태풍	Dense fog/ Typhoon
응급환자 발생	Emergency patient(s)
조류와의 충돌	Bird strike
기내화재	Cabin Fire
감압	Decompression
폭발물 발견	The problem of an explosive substance
여압 장치이상	Failure in cabin pressurization system

3 저비용 항공사 특별서비스 안내

저비용 항공사 중 각 항공사의 특징과 개성을 나타낼 수 있는 표현으로 기내방송문을 구성한 방송문을 소개한다.

1 E 항공 : Welcome 방송

짜릿한 가격으로 추억을 파는 국민 항공사 E 항공입니다.
안녕하십니까, 오늘 손님 여러분의 신나는 여행길에 함께할 국민승무원들 인사드립니다.
이 비행기는 OO까지 가는 E 항공 OOO편입니다.
도착지인 ______(국제)공항까지의 비행시간은 이륙 후 OO시간 OO분이며, 기장은 OOO입니다.
출발을 위해 좌석 등받이와 테이블을 제자리로 해주시고 좌석벨트를 매주십시오. 아울러 휴대 전화를 비롯한 전자기기는 안전운항에 영향을 줄 수 있으니 전원을 꺼주시기 바랍니다.
손님 여러분의 안전을 생각하여 선택한 보잉 737NG E항공과 함께 즐거운 시간 보내시기 바랍니다. 감사합니다.

2 J 항공 : Fun 서비스 안내

손님 여러분,

저희 J항공에서는 손님 여러분의 즐겁고 행복한 시간을 위해 FUN 서비스를 실시하고 있습니다.

[매직풍선 서비스]
오늘 탑승하신 어린이 승객들께 승무원들의 사랑이 듬뿍 담긴 매직풍선을 선물해 드리겠습니다.

[사진촬영 서비스]
또한, 가지고 계신 사진기 속에 여러분의 즐겁고 행복한 모습을 담아드리겠습니다.

손님 여러분과 함께 하는 즐거운 상상, J항공 FUN 서비스와 함께 즐거운 여행 되시기 바랍니다.

3 J 항공 : Welcome 방송

손님 여러분, 안녕하십니까?

(도시명)까지 가는 J항공 ___편에 탑승하신 손님 여러분을 환영합니다.

(   )기장과 저희 승무원들은 (공항명칭)까지 ___시간 ___분 동안 여러분과 함께 하겠습니다.

J항공과 (도시명)까지 상쾌한 여행 함께하세요. 감사합니다.

[아침 비행]
아침 햇살처럼 밝고 따뜻한 하루 되시기 바랍니다. 고맙습니다.

[저녁 비행]
행복한 저녁 기분 좋게 마무리 하시기 바랍니다. 고맙습니다.

4 J 항공 : Air Café서비스 시작 안내 방송

안내말씀 드리겠습니다.

저희 J항공은 국제선 전 노선에서 다양한 상품을 판매하는 Air Café를 운영하고 있습니다.

잠시 후 판매를 시작할 예정이니 자세한 내용은 '에어카페 안내서'를 참고하시고, 필요하신 분께서는 저희 승무원이 지날 때 말씀해 주십시오.

5 J 항공 : 사투리 방송

삼춘덜, 펜안히덜 오십디강.

오널 우리 J항공허고 이기꺼지 오젠허난 폭삭 속았수다양.

삼춘덜, 비행기 완전히 멈춘 후에랑 일어나십써예.

비행기에 나뒁 내리는 거 어신지 또시 혼번 아잤던 자리 뵈려 봅써.

제주에서 재미나게 놀곡 맹심허영 돌아가십써예.

담에 또 보게마씸.

6 T 항공 : Welcome 방송

T가족 여러분, 탑승을 진심으로 환영합니다.

이 비행기는 (공항명)까지 가는 T항공 ___편이며, 예정된 비행 시간은 이륙 후 ___시간 ___분입니다.

좌석벨트를 매주시고, 등받이와 팔걸이, 테이블을 제자리로 해주십시오.

또한 전자기기의 비행기 탑승 모드 상태를 확인해주시기 바랍니다.

오늘 ___기장을 비롯한 저희 승무원들이 여러분을 (지역명)까지 정성껏 모시겠습니다.

고맙습니다.

7 T 항공 : Entertainment 서비스 안내 방송

저희 승무원들과 함께 사진 촬영을 즐기시기 바랍니다.

잠시 후에 찾아 뵙겠습니다.

참고문헌

'기내방송', 김수연 외 3인, 한올

'나도 아나운서가 될 수 있다', 박은주, 부즈펌

'목소리 누구나 바꿀수 있다', 우지은, 위즈덤하우스

'사람을 끌어당기는 공감 스피치', 이서영, 원앤원북스

'승무원서비스중국어', 이선지, 한올출판사

'실용영어 발음학습 사전', 이희도, 도서출판 좋은땅

'아나운서', 김상준, 커뮤니케이션북스

'안녕하십니까, 저는 방송인입니다', 강지연, 시대에듀

'예비승무원을 위한 항공기내방송', 여세희, 백산출판사

'외국어로서의 한국어 발음 교육론, 김선정, 박이정

'한국어의 표준 발음과 현실 발음', 이진호, 아카넷

'호흡과 발성', 남도현, 군자출판사

'KBS 아나운서와 함께 배우는 한국어 표준 발음', KBS 한국어 연구회, 한국방송출판

Blandine Calais Germain 저/김민호 역, 발성을 이해하기 위한 목소리 해부학, 영문출판사

네이버 두산백과

다음 백과사전

대한항공 IN-FLIGHT ANNOUNCEMENT, 중국어 방송문

동방항공 중국어방송문

이스타항공, 진에어, 제주항공, 티웨이항공 기내 방송문

NCS 기반

항공 기내방송 업무

초판 1쇄 발행 2016년 8월 25일
2판 1쇄 발행 2022년 8월 25일
3판 1쇄 발행 2025년 7월 25일

저　　자 마근정·박지영·이길자·임현주·김소형·이선지
펴 낸 이 임 순 재
펴 낸 곳 한올출판사
등　　록 제11-403호
주　　소 서울시 마포구 모래내로 83(성산동, 한올빌딩 3층)
전　　화 (02)376-4298(대표)
팩　　스 (02)302-8073
홈페이지 www.hanol.co.kr
e - 메 일 hanol@hanol.co.kr

ISBN 979-11-6647-572-6

NCS 기반

항공 기내방송 업무

NCS 기반
항공
기내방송 업무

NCS 기반

항공 기내방송 업무